essentials

Essentials liefern aktuelles Wissen in konzentrierter Form. Die Essenz dessen, worauf es als „State-of-the-Art" in der gegenwärtigen Fachdiskussion oder in der Praxis ankommt. *Essentials* informieren schnell, unkompliziert und verständlich

- als Einführung in ein aktuelles Thema aus Ihrem Fachgebiet
- als Einstieg in ein für Sie noch unbekanntes Themenfeld
- als Einblick, um zum Thema mitreden zu können

Die Bücher in elektronischer und gedruckter Form bringen das Fachwissen von Springerautor*innen kompakt zur Darstellung. Sie sind besonders für die Nutzung als eBook auf Tablet-PCs, eBook-Readern und Smartphones geeignet. *Essentials* sind Wissensbausteine aus den Wirtschafts-, Sozial- und Geisteswissenschaften, aus Technik und Naturwissenschaften sowie aus Medizin, Psychologie und Gesundheitsberufen. Von renommierten Autor*innen aller Springer-Verlagsmarken.

Manuel Lechner

Integriertes Sicherheits- und Risikomanagement

Vom Risiko zur Resilienz mit einem integrierten Ansatz

Springer Vieweg

Manuel Lechner
Risiko Management
Cyber Risk Instructor ML e.U.
Korneuburg, Österreich

ISSN 2197-6708 ISSN 2197-6716 (electronic)
essentials
ISBN 978-3-658-51632-1 ISBN 978-3-658-51633-8 (eBook)
https://doi.org/10.1007/978-3-658-51633-8

Die Deutsche Nationalbibliothek verzeichnet diese Publikation in der Deutschen Nationalbibliografie; detaillierte bibliografische Daten sind im Internet über https://portal.dnb.de abrufbar.

Springer Vieweg ist ein Imprint der eingetragenen Gesellschaft Springer Fachmedien Wiesbaden GmbH und ist ein Teil von Springer Nature.
Die Anschrift der Gesellschaft ist: Abraham-Lincoln-Str. 46, 65189 Wiesbaden, Germany

Was Sie in diesem *essential* finden können

In diesem *essential* soll es darum gehen,

- die aktuellen Herausforderungen und Silos im Sicherheits- und Risikomanagement einzuordnen und die wichtigsten Normen sowie regulatorischen Anforderungen für das Big Picture zu bündeln
- einen integrierten Risk-to-Resilience-Ansatz vorzustellen, der Governance, Risiko, Security, Cyber und Informationssicherheit, physische Sicherheit, BCM sowie Incident- und Krisenmanagement in einem durchgängigen Konzept vereint
- aufzuzeigen, wie Resilienz durch das Zusammenspiel von Menschen, Kompetenzen und Fachbereichen entsteht

Vorwort

Sicherheitsmanagement, Risikomanagement, Business Continuity und Resilienzmanagement werden in vielen Unternehmen noch immer getrennt betrieben. Das führt zu Doppelaufwänden, Lücken und widersprüchlichen Prioritäten. Dieses essential bündelt Governance, Fachpraxis und Methoden zu einem integrierten Ansatz. Grundlage bilden ISO 31000, NIS-2, RKE-Richtlinie, ISO 22301 und ISO 22316 sowie die enge Verzahnung mit Informationssicherheit nach ISO 27001, physischer Sicherheit und Security Management nach ÖNORM S 2412 für ein Unternehmensrisikomanagement. Im Mittelpunkt steht ein klarer Risk-to-Resilience-Prozess, der Abhängigkeiten sichtbar macht und Entscheidungen beschleunigt.

Adressiert sind Sicherheitsbeauftragte, Risikomanager:innen, Verantwortliche für Security, CISOs, ISOs, Führungskräfte und Praktiker:innen, ebenso alle, die sich in diesen Feldern gezielt weiterbilden möchten. Sie finden ein kompaktes und praxistaugliches Rahmenwerk mit Denkanstößen, wie ein integriertes Sicherheits- und Risikomanagement den Weg vom Risiko zur Resilienz ebnet.

Mein Ziel ist es, die relevanten Themenfelder des Sicherheits- und Risikomanagements verständlich darzustellen, Impulse aus der Praxis zu geben und mit dem integrierten Risk-to-Resilience-Ansatz eine umsetzbare Richtung aufzuzeigen. So lassen sich Risiken aus unterschiedlichen Disziplinen wirksam behandeln und die Unternehmenssicherheit sowie die Resilienz nachhaltig stärken.

Mein besonderer Dank gilt den Studiengängen *Integriertes Sicherheitsmanagement* der FH Campus Wien und *Information Security Management* der FH Hagenberg sowie allen Vortragenden der jeweiligen Module. Ebenso danke ich allen Wegbegleiter:innen. Die in Ausbildung, Unternehmensberatung und Konzernerfahrung gewonnenen Erkenntnisse habe ich in diesem essential gebündelt, welches als Richtungsweiser anzusehen ist und nicht als „die eine Lösung“. Ich hoffe, damit Ihren Weg zu einem sichereren und resilienteren Unternehmen spürbar zu unterstützen.

Competing Interests Der/die Autor*in hat keine relevanten Interessenskonflikte im Zusammenhang mit dieser Publikation.

1 Herausforderungen im Sicherheits- und Risikoumfeld

Im Sicherheits- und Risikoumfeld ergeben sich stetig mannigfaltige Herausforderungen, da es viele Stakeholder mit individuellen Herangehensweisen, Bedürfnissen und Zielen gibt (Freeman, 2010). Die unterschiedlichen Rollen, wie etwa Produktion, IT, Einkauf, Vertrieb, Legal & Compliance, Personalwesen/HR, Sicherheits- und Risikomanagement, Forschung & Entwicklung und viele weitere, verfolgen teils gegensätzliche Ziele, etwa Kosten, Tempo, Qualität, Verfügbarkeit und Rechtskonformität. Dabei kommt es immer wieder zu einem Interessenskonflikt (Schreyögg & Koch, 2020). Weitere Faktoren sind Vernetzung, Digitalisierung und Globalisierung, welche zum einen enorme Chancen eröffnen aber zum anderen Angriffsfläche und Komplexität vergrößern. Mögliche Konfliktthemen sind z. B. Datenschutz, steigende Qualitätsanforderungen bei gleichzeitig billigen und schnellen Prozessen, wachsende Regulatorik, Industrie- und Wirtschaftsspionage, anspruchsvolles Stakeholder-Management (Diederichs, 2017), zunehmende Cyberkriminalität (Bundesministerium für Inneres, Bundeskriminalamt, 2025), eng gekoppelte Systeme sowie verwundbare Supply-Chain (Gleißner, 2017). Ein wesentlicher Aspekt ist die Kommunikation zwischen unterschiedlichen Abteilungen und Persönlichkeiten. Was z. B. in den Silos (einzelne Abteilungen) gut gemeint ist, kollidiert im Verbund mit Folgen für Effizienz, Compliance, Reputation und Kosten (Schreyögg & Koch, 2020).

Diese Herausforderungen machen das Sicherheits- und Risikomanagement nicht zur einfachen Aufgabe. Aber was bedeuten Sicherheit und Risiko eigentlich?

M. Lechner, *Integriertes Sicherheits- und Risikomanagement*, essentials,
https://doi.org/10.1007/978-3-658-51633-8_1

1.1 Definitionen von Sicherheit und Risiko

Sicherheit hat eigentlich mehrere Definitionen, wo unterschiedliche Ziele verfolgt werden. Im englischen Sprachraum gibt es daher folgende Begriffe: *Safety, Security* und *Certainty.* Die Begriffe und deren Intention können wie folgt beschrieben werden:

- *Safety* behandelt unter anderem auch die technische-, arbeits-, produkt- und personensicherheitsbezogene „Sicherheit". In anderen Worten der Schutz vor unbeabsichtigten Ereignissen und Fehlern, wie z. B. Unfälle, Ausfälle, Brand, Fehlfunktionen. Der Fokus liegt dabei auf die Gefährdung Erkennung, Risikominimierung, Schadenprävention durch System- und Arbeitssicherheit (Frevel, 2016).
- *Security* setzt sich für den Schutz oder die Abwehr vor vorsätzlichen Handlungen, wie z. B. Cyberangriffe, Sabotage, Diebstahl, Social Engineering. Dies umfasst insbesondere die Bereiche Informationssicherheit, physische Sicherheit, Zugang/Identity, Personenschutz und Überwachung, wie z. B. (ISO 27001, 2022, NIS2-Richtlinie, 2022, RKE-Richtlinie, 2022, ÖNORM S 2412, 2017).
- *Certainty* thematisiert die Gewissheit und Verlässlichkeit oder auch den Grad an Sicherheit des Wissens über Daten, Annahmen und Modelle (Frevel, 2016). Relevant im Risiko- und Entscheidungsprozess: Wie zuverlässig sind unsere Informationen? Wie stark die Evidenz? (beeinflusst Bewertungsbandbreiten, Konfidenzniveaus, Frühwarnindikatoren)
- Im Gegensatz dazu beschreibt *Risiko „[…] die Wirkung von Unsicherheit auf Ziele (engl. effect of uncertainty on objectives) und meint damit sowohl negative als auch positive Abweichungen"* (ISO 31000, 2018).

In der nachfolgenden Tab. 1.1 werden die unterschiedlichen Methoden zur Risikoberechnung dargestellt.

1.2 Die „Silos" im Sicherheits- und Risikomanagement

Bevor die Lösungen umrissen werden, ist es sinnvoll, diverse „Silos" im Sicherheits- und Risikokontext genauer zu betrachten. Die genannten Herausforderungen werden noch immer getrennt angegangen, was zu Reibungsverlusten an den Schnittstellen führt. In dem nachfolgenden Unterkapitel erfolgt eine systematische Einordnung der zentralen Themenfelder: Regulatorik, Technologie & KI, Umwelt,

Tab. 1.1 Definitionen „Risiko“ aus den verschiedenen Blickwinkeln

Blickwinkel	Definition/gebräuchliche Operationalisierung	Verweis
Risiko (klassisch)	Normativ: Wirkung von Unsicherheit auf Ziele (schließt positive/negative Abweichungen ein). Praxis: häufig als Funktion/Produkt aus Eintrittswahrscheinlichkeit x Auswirkung genutzt.	ISO 31000
Security & Informationssicherheit	Normativ: Informationssicherheitsrisiko als Potenzial, dass Bedrohungen Schwachstellen ausnutzen und Werte/Organisation schädigen; bewertet i. d. R. über Eintrittswahrscheinlichkeit und Auswirkung (CIA-Schutzziele). Praxis: verbreitete Heuristik „Bedrohung x Verwundbarkeit x Auswirkung“.	ISO/IEC 27005; unterstützt ISO/IEC 27001
BCM	Normativ/BCM-Sicht: Risiken, welche die Fortführung kritischer Tätigkeiten beeinträchtigen (Unterbrechungsrisiken); werden via Business-Impact-Analyse (BIA) und Risikobeurteilung identifiziert.	ISO 22301
DSGVO	Normativ: Risiko für die Rechte und Freiheiten natürlicher Personen; risikobasierte technische und organisatorische Maßnahmen (TOMs) und Datenschutz-Folgeabschätzung (DSFA) bei voraussichtlich hohem Risiko. Praxis: primär qualitative Bewertung, abhängig von Art, Umfang, Umständen und Zwecken der Verarbeitung.	DSGVO (Art. 24, 25, 32, 35)
NIS-2	Normativ: Verpflichtung zu Risikomanagementmaßnahmen zur Cybersicherheit auf All-Hazards-Basis (u. a. Governance, technische/organisatorische/operative Maßnahmen, Meldungen, Lieferkette etc.). Praxis: Risiken sind Ereignisse/Einflüsse, welche Verfügbarkeit/Integrität/Vertraulichkeit/Authentizität/Resilienz von Netz-/Informationssystemen beeinträchtigen.	Richtlinie (EU) 2022/2555 (Art. 21); Durchführungs-Verordnung (EU) 2024/2690 (VO)
RKE/CER	Normativ: Risiken aus allen Gefahren, die die Erbringung wesentlicher Dienste kritischer Einrichtungen erheblich beeinträchtigen können.	Richtlinie (EU) 2022/2557 „Resilienz kritischer Einrichtungen“; nationale Umsetzung in AT: RKEG (BGBl. I Nr. 60/2025)

Makroökonomie und Geopolitik, Komplexität und eng gekoppelte Systeme, Fachkräftemangel und Skill-Shift (Stakeholder-Management), Cyber- und Informationssicherheit, Lieferketten sowie Personensicherheit & Schutz der Arbeitnehmer:innen. Es sollen die charakteristischen Trennlinien sichtbar gemacht werden, ihre Wechselwirkungen zu erläutern und so eine Grundlage dafür zu schaffen, wie Integration anstelle von Parallelwelten gelingen kann.

1.2.1 Regulatorik im Takt der Disruption

Die rechtlichen Anforderungen wachsen merklich an und durchdringen bereits weit den Alltag von kleineren und mittleren Unternehmen (KMU). Zusätzlich zu Datenschutz (gem. Datenschutz-Grundverordnung, DSGVO 2018) und Informationssicherheit (ISO 27001, 2022) kommen EU-weite Vorgaben zur digitalen Sicherheit (NIS2-Richtlinie, 2022, AI Act, 2024, Data Act, 2023) sowie sektorspezifische Regelungen wie die EU-Richtlinie Resilienz kritischer Einrichtungen (RKE-Richtlinie, 2022) und der EU Digital Operational Resilience Act (DORA, 2022) hinzu. Gleichzeitig nimmt die Bedeutung von Vorgaben zu Business Continuity Management, wie etwa (ISO 22301, 2020, ISO 22316, 2017, BSI 200-4, 2023), zu sowie branchenspezifische Compliance- und Nachhaltigkeitsverpflichtungen werden zunehmend in operative Entscheidungen einbezogen (Europäische Union, 2022). Insbesondere KMU finden diese Situation unübersichtlich und schwer priorisierbar, da Rollen wie die des Datenschutzbeauftragten oder des Sicherheitsverantwortlichen nicht immer eindeutig definiert oder mit angemessenen Befugnissen ausgestattet sind. Dies fördert Unsicherheiten, Fehlinterpretationen und Dokumentationslücken (Romeike & Hager, 2020), die mit Haftungs- und Reputationsrisiken bei Frist- oder Pflichtenverstößen verbunden sind.

Hier entstehen praktische Folgen in Unternehmen, denn

- Governance und Verantwortlichkeit sollen nachweisbar sein. Die Geschäftsleitung, CISO (Chief Information Security Officer) sowie die Bereiche Risiko, BCM, Brandschutz, Arbeitnehmer:innenschutz und Datenschutz haben nachweisbare Pflichten sowie Entscheidungsrechte.
- Die Melde- und Nachweispflichten setzen belastbare Prozesse, Evidenzen und Kennzahlen voraus, beispielsweise für Vorfälle, Tests, Übungen und Kontrollen.
- Es erfolgt eine Mitregulierung der Lieferketten. Risiken, die von Dritten ausgehen, sind zu bewerten und vertraglich zu steuern. Dies umfasst Auditrechte, Sicherheitsklauseln und Exit-Szenarien.

- Es ist Pflicht, dass Daten und Technologien transparent sind. Verzeichnisse zur Verarbeitung, System- und Schnittstellenregister sowie Dokumentationen zu Tools müssen auf dem neuesten Stand sein.

Diese Anforderungen haben unmittelbare Auswirkungen auf die Entwicklung von Produkten und Technologien, das Onboarding neuer Lieferant:innen und Partner:innen sowie auf interne Prozesse. Wenn Prioritäten, Rollen und Nachweise nicht von Anfang an berücksichtigt werden, führen zusätzliche Prüf- und Dokumentationsschritte häufig zu Verzögerungen. In der Gesamtheit wird die Regulierung auf nationaler, wie auch auf EU-Ebene verdichtet, wodurch klar wird, dass Sicherheits-, Risiko- und Kontinuitätsfragen nicht länger getrennt betrachtet werden können, sondern gemeinsam gesteuert und belegt werden müssen.

1.2.2 Digitalisierung, KI und technischer Fortschritt

Die Wertschöpfung in Software, Daten und vernetzten Diensten wird durch die Digitalisierung verlagert (Hess, 2019). Künstliche Intelligenz (KI) beschleunigt Entwicklungen, eröffnet aber zugleich neue Expositionen, wie etwa Datenabflüsse, Manipulation von Modellen, Fehlgenerierungen (Halluzinationen), Deepfakes, Prompt-Leakage und der Einsatz nicht autorisierter Systeme („Shadow-AI") (AI Act, 2024). Mit Cloud-Plattformen, OT/IoT (Operating Technology sowie Internet of Things), mobiler Arbeit und offen angebundenen Programmierschnittstellen (APIs) wächst die Angriffsfläche spürbar (Bundesamt für Sicherheit in der Informationstechnik (BSI), 2025). Eine wesentliche Verantwortung bleibt bei den Mitarbeiter:innen. Beschäftigte müssen befähigt werden, diese Technologien und KI verantwortungsvoll zu nutzen und mit vertraulichen Informationen korrekt umzugehen. Ein erforderlicher Ansatz ist, dass Sicherheits- und Risikomanagement früh in der Entwicklung und Beschaffung zu integrieren sind, statt Technologien lediglich am Ende „abzunehmen" bzw. freizugeben. Die Leitlinie ist Security- und Privacy-by-Design, nicht bloß ein nachgelagertes Secure-by-Default-Prozess, wobei Lessons-Learned-Einheiten sowieso immer ratsam sind (ISO 27001, 2022).

1.2.3 Cyber- und Informationssicherheit sowie Cybercrime

Die zentralen Werte des Unternehmens werden durch Informationssicherheit geschützt. Im Wesentlichen stehen die Vertraulichkeit, Integrität und Verfügbarkeit von Daten und Systemen im Fokus (ISO 27001, 2022). Für viele KMU wird diese

Aufgabe herausfordernder, da die Digitalisierung, Cloud-Services, mobile Arbeit, vernetzte OT/IoT und der Einsatz von KI die technische Landschaft erheblich erweitern und somit die Angriffsfläche vergrößern.

Gleichzeitig erfolgt eine Professionalisierung der Cyberkriminalität (Bundesministerium für Inneres, Bundeskriminalamt, 2025). Kriminelle nutzen Social Engineering, die Kompromittierung von Identitäten, Ransomware, Business-Email-Compromise sowie die Manipulation von Geschäftsprozessen (Lechner, 2022). Oft wird der Zugang über Lieferketten, unzureichend gesicherte Schnittstellen oder mangelhafte Zugangskontrollen ermöglicht. Die direkten Konsequenzen sind monetäre Schäden, Verlust des Vertrauens und Unterbrechungen im Betrieb.

Der rechtliche Rahmen hinkt deutlich hinterher. DSGVO, NIS-2, Data Act und AI Act fordern nachvollziehbare technische und organisatorische Maßnahmen, klar definierte Rollen und Verantwortlichkeiten, dokumentierte Prozesse sowie ein strukturiertes Incident-Management mit fristgerechten Berichten (Europäisches Parlament; Rat der Europäischen Union, 2016, Europäische Kommission, 2024). Wenn Governance, Zuständigkeiten und geeignete Prozesse noch nicht eingerichtet sind, empfinden viele KMU dies als überwältigend. Darüber hinaus nimmt der Druck von Kundenseite zu. Auftraggeber:innen verlangen belastbare Nachweise für Sicherheit, stabile IT-Prozesse, klar definierte Zuständigkeiten und die Einhaltung gängiger Standards sowie Vertragsklauseln über die gesamte Wertschöpfungskette hinweg.

1.2.4 Umwelt, Makroökonomie und Geopolitik

Heutzutage sind Klimarisiken, wie Hitze, Starkregen und Hochwasser zur Normalität geworden (Umweltbundesamt GmbH, 2025). Für Versicherungen ergibt sich ein Kumulrisiko, da viele Unternehmen in einer Region gleichzeitig betroffen sein können. Darüber hinaus wirken sich schwankende Preise für Rohstoffe und Energie, Lieferengpässe, Inflation und geopolitische Spannungen belastend auf die Widerstandsfähigkeit und Kosten von Unternehmen sowie von Haushalten aus (Deutsche IPCC-Koordinierungsstelle, 2024). Ein lokaler Ausfall kann durch globale Wertschöpfungsketten schnell systemische Auswirkungen haben. Die Halbleiterknappheit hat dies deutlich gemacht und zahlreiche Automobilwerke zum Stillstand gebracht (Sostmann, 2025). Die Beschaffung wird durch Zölle, Sanktionen und Inflation teurer, was Cashflows und Margen belastet und potenziell Liquiditätsprobleme verursacht. Makroökonomische Schwankungen beeinflussen auch indirekt die Lieferkette, indem sie die Kosten für Vorprodukte aus teureren Metallen, wie Aluminium, Kupfer, Lithium, Nickel oder seltene Erden erhöhen und somit zu einem Anstieg der Endpreise führen.

Umwelt- und ESG-Risiken umfassen mehr als nur klimabezogene Aspekte (ISO 14001, 2015). Sie beinhalten stoffbezogene Vorgaben, wie PFAS sowie Anforderungen an Entsorgung und Recycling (z. B. nach der REACH-Verordnung Nr. 1907/2006 Registrierung, Bewertung, Zulassung und Beschränkung chemischer Stoffe) (Europäisches Parlament; Rat der Europäischen Union, 2006). Übergangsrisiken, wie die CO_2-Bepreisung, ETS/CBAM, Dekarbonisierungspflichten sowie der Schutz der Biodiversität und Flächen haben Auswirkungen auf Geschäftsmodelle, Kostenstrukturen und Standortentscheidungen (Europäisches Parlament; Rat der Europäischen Union, 2003), (Europäisches Parlament; Rat der Europäischen Union, 2023). Die CSRD und CSDDD fordern aus der Perspektive von Governance und Berichtswesen prüfbare ESG-Daten, klare Transparenz, Scope-3-Emissionen sowie die Offenlegung von Klimarisiken im Lagebericht (Europäischen Union, 2022, Europäisches Parlament; Rat der Europäischen Union, 2024).

1.2.5 Personen-, Physische Sicherheit und Arbeitnehmer:innenschutz

Physische Sicherheit bedeutet mehr als Zäune und Kameras. Sie umfasst den Schutz von Gebäuden, Anlagen und Unternehmenswerten vor allem aber den Schutz der Menschen, die dort arbeiten (Siegmann & Tenckhoff, 2019). Für KMU gehören dazu ein wirksamer Brandschutz, Einbruch- und Diebstahlschutz, Objektschutz und Zutrittssteuerung ebenso wie Reisesicherheit für Mitarbeitende und eine solide Standortsicherheit.

Gleichrangig steht der **Arbeitnehmer:innenschutz.** Dazu zählen ergonomisch gestaltete Arbeitsplätze, sichere Maschinen und Anlagen, Gesundheits- und Unfallprävention, klar geregelte Verantwortlichkeiten, gesetzlich vorgeschriebene Unterweisungen sowie funktionierende Alarm-, Notfall- und Evakuierungsabläufe (Europäisches Parlament; Rat der Europäischen Union, 2026, Bundesministerin für Arbeit, Gesundheit und Soziales, 2026). Zudem darf das Thema **Reisesicherheit** in diesem Kontext nicht außer Acht gelassen werden, speziell wenn Mitarbeiter:innen oder Executive in risikobehaftete Länder reisen. In der Praxis werden diese Anforderungen in vielen KMU aufgrund von Zeit- und Ressourcenmangel nur punktuell umgesetzt. Dadurch entstehen Lücken zwischen technischen Maßnahmen, organisatorischen Regelwerken und menschlichem Verhalten, welche im Ereignisfall zu unnötigen Risiken und Verzögerungen führen können (Romeike & Hager, 2020).

1.2.6 Komplexität und eng gekoppelte Systeme

Unternehmen sind heute stark vernetzt, wodurch viele Abhängigkeiten unsichtbar bleiben. Ein Fehler oder eine Störung in einem Bereich kann sich wie ein Dominoeffekt auf andere Bereiche auswirken. Das erschwert Analysen, Einschätzungen der Auswirkungen und die Priorisierung im Alltag (Gleißner, 2017). Enge zeitliche Kopplungen und nichtlineares Verhalten führen dazu, dass bereits kleine Ereignisse Kaskaden auslösen. Treten mehrere Störungen gleichzeitig auf, verstärken sich die Effekte (Weick & Sutcliffe, 2016, Perrow, 1992). Zusätzlich belasten sozio-technische Reibungen, wie unklare Zuständigkeiten, holprige Übergaben und Überlastung, während Verfügbarkeit, Kosten, Compliance und Time-to-Market um Vorrang konkurrieren (Schreyögg & Koch, 2020). Auf Daten- und Asset-Ebene sorgen flüchtige Ressourcen, Shadow-IT und Shadow-AI, Lücken in Beständen sowie uneinheitliche Abläufe für Alarmmüdigkeit und erschweren dann auch die forensische Aufklärung. In der Lieferkette verlagern geringe Transparenz und die Abhängigkeit von wenigen Plattformanbietern kritische Ausfallpunkte nach außen, und unterschiedliche Rechtsräume erhöhen Zielkonflikte und Haftungsrisiken.

1.2.7 Qualitätsmanagement, Struktur und Prozesse

Gute Sicherheit entsteht auf dem Fundament stabiler, wiederholbarer Prozesse. Wo Abläufe nicht dokumentiert, Rollen unklar und Arbeitsweisen uneinheitlich sind, steigt die Streuung in Qualität und Leistung und damit auch das Risiko. Gerade in historisch gewachsenen Strukturen hängt die Ergebnisqualität oft am Wissen Einzelner. Fällt diese Person aus oder ändert sich etwas im Umfeld, entstehen Lücken, die Sicherheits- und Risikomaßnahmen wirkungslos machen können.

Ein wirksames Qualitätsmanagement anhand des Prozess- und PDCA-Gedanken (Planen, Durchführen, Prüfen, Handeln) schafft hier die notwendige Ordnung (ISO 9001, 2015). Geklärte Prozessverantwortung, verbindliche Arbeitsanweisungen, geregelte Änderungen und gelebte Dokumentation machen Kontrollen prüfbar, Nachweise belastbar und Schnittstellen zwischen Fachbereichen stabil. So lassen sich Sicherheits-, Risiko- und BCM-Vorgaben (z. B. ISMS/BCMS) nahtlos in den täglichen Betrieb einbinden, statt sie als Zusatzarbeit „oben drauf" zu behandeln.

Wer Risiken, Qualität und Sicherheit getrennt steuert, produziert Zielkonflikte zwischen Geschwindigkeit, Kosten, Sicherheit und Kundenzufriedenheit (ISO 9001, 2015).

1.2.8 Fachkräftemangel und Skill-Shift

Die Nachfrage nach CISO-, BCM-, OT-Security-, Cloud- und Data-Kompetenzen übersteigt das Angebot deutlich (Schnaak, 2023) und zugleich verschiebt sich der Schwerpunkt von „reiner Technik" hin zu Governance, Kommunikation, Leadership und Change-Management (Schreyögg & Koch, 2020). Gefragt sind hybride Profile, die technische Tiefe mit Risikoverständnis, Rechts- und Lieferkettenkenntnis sowie der Fähigkeit verbinden, komplexe Sachverhalte adressatengerecht zu erklären (z. B. von der Fachkraft bis ins Board) (Romeike & Hager, 2020). Gleichzeitig entstehen gerade hier die meisten Missverständnisse, Fehlentscheidungen und Lücken, weil Abteilungen unterschiedliche Ziele verfolgen, Wissen ungleich verteilt ist und oft eine gemeinsame Sprache für das „Big Picture" fehlt.

In Abb. 1.1 werden die unterschiedlichen Konfliktfelder im Sicherheits- und Risikomanagement zur Übersicht dargestellt.

Wichtig: Die Konfliktfelder im Sicherheits- und Risikomanagement wirken selten isoliert, sondern greifen ineinander und verstärken sich. Wer Regulatorik, Technologie, Cyber, physische Sicherheit, Qualität und Kommunikation getrennt steuert, erzeugt blinde Flecken, Doppelaufwände und widersprüchliche Prioritä-

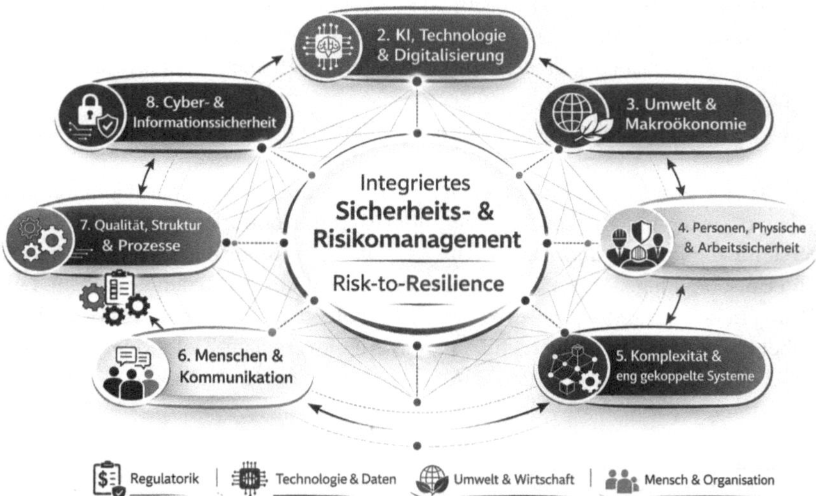

Abb. 1.1 Konfliktfelder im Sicherheits- und Risikomanagement*. (*Hinweis: Eigene Inhalte und graphische Darstellung mithilfe von ChatGPT Modell 5.2)

ten. Erst das Gesamtbild macht kritische Abhängigkeiten sichtbar und verhindert, dass kleine Auslöser zu großen Schäden eskalieren.

1.3 Das KMU-Dilemma: Prävention spart keiner gern

Gerade KMU investieren häufig erst nach einem Vorfall in Security und Sicherheit (Bitkom e. V., 2025). Prävention bleibt „unsichtbar“, Budgets sind knapp und der ROI (Return on Investment) von Sicherheit lässt sich schwer in Umsatz übersetzen. Dabei ist Sicherheit Risikokapital in Stabilität, denn vermiedene Verluste, kürzere Wiederanlaufzeiten sowie Regelkonformität sind messbare Werttreiber und sie liegen jedoch vor dem Umsatz (als Enabler). Praktisch hilft z. B. eine szenariobasierte Kalkulation erwarteter Verluste (wie z. B. Produktionsstillstand, Vertragsstrafen, Bußgelder, Reputationswirkungen) sowie eine einfache Loss-Exceedance-Betrachtung,[1] um Präventionsmaßnahmen gegen Schadenshöhen zu stellen (Gleißner, 2017).

Die eben skizzierten Herausforderungen lassen sich nicht mit mehr Checklisten in Einzelabteilungen lösen. Es braucht ein integriertes Sicherheits- und Risikomanagement, welches:

- Governance bündelt (ISO 31000, NIS-2, ISO 22301, RKE, ISO 27001 usw.),
- Methoden vereinheitlicht (Taxonomie, Skalen, Bewertung),
- eine gemeinsame Steuerung bereitstellt (Risiken, Kontrollen, Maßnahmen, KRIs),
- und Übungen/Erfahrungen systematisch in Entscheidungen zurückspielt.

Ein Risk-to-Resilience-Ansatz entsteht, der vom Kontext über Gefahren und Schwachstellen zur Risikobewertung, priorisierten Kontrollen, getesteten Wiederherstellungsfähigkeit und zurück zum Management-Reporting führt. Das Resultat sind Entscheidungen, die schneller, kohärenter und kosteneffizienter ausfallen und damit ein deutlicher Wettbewerbsvorteil. Im Folgenden wird demonstriert, wie der Hebel konkret angesetzt werden kann, um ein Governance-Zielbild zu entwickeln und einen Risk-to-Resilience-Ansatz zu schaffen sowie praxisnahe

[1] Eine Loss Exceedance Betrachtung zeigt, wie wahrscheinlich es ist, dass ein Schaden eine bestimmte Höhe überschreitet, z. B. > 100.000 €. Damit werden seltene, aber hohe Verluste besser sichtbar als mithilfe von Durchschnittswerten. Anwendung bei z. B. (Rück-)Versicherungen, Naturkatastrophen, Cyberangriffe.

Gedankenanstöße zu ergänzen. So wird Sicherheit von einer „Kostenstelle“ zu einer strategischen Kompetenz der Unternehmen.

Fazit
Sicherheit und Risiko treffen auf viele Interessen und oft getrennte Silos, was Reibung, Lücken und Mehrarbeit erzeugt. Safety schützt vor unbeabsichtigten Ereignissen, Security vor vorsätzlichen Handlungen und Certainty beschreibt die Verlässlichkeit der Informationen. Risiko ist die Wirkung von Unsicherheit auf Ziele. Druck entsteht durch mehr Regulierung, digitale Vernetzung mit KI und Cloud, professionelle Cyberkriminalität sowie Umwelt, Makroökonomie und Geopolitik. Enge Kopplungen und hohe Komplexität begünstigen Kaskaden, während fehlende Standards, schwaches Qualitätsmanagement und der Fachkräftemangel die Steuerung erschweren. Für KMU bleibt Prävention oft unsichtbar, ihre Wirkung zeigt sich jedoch in vermiedenen Schäden, schnelleren Wiederanläufen und gesicherter Konformität. Die Schlussfolgerung ist klar. Einzelmaßnahmen reichen nicht. Gefordert ist ein integriertes Vorgehen mit gemeinsamer Sprache, einheitlichen Kriterien und einem Risk-to-Resilience-Ansatz, der Prioritäten ordnet und Handlungsfähigkeit messbar stärkt.

Der Weg vom Risiko zur Resilienz 2

Im ersten Kapitel wurde die zentrale Problem- und Einflusslandschaft im Sicherheits- und Risikoumfeld skizziert und dargestellt, wie vielschichtig die Stellschrauben in Unternehmen geworden sind. Als nächstes betrachten wir die involvierten Fachrichtungen und deren Abhängigkeiten, denn Security umfasst weit mehr als Personen- und Zutrittskontrolle. Cyber- und Informationssicherheit gehen über Firewall-Konfigurationen hinaus und Rechtsabteilungen beschäftigen sich nicht nur mit AGB oder Rechtsstreitigkeiten. Jeder dieser Bereiche befasst sich mit einem großen Aufgabenspektrum und beeinflusst zugleich die anderen, da Entscheidungen in einem Teilbereich oft direkte Auswirkungen auf die anderen haben. Selbst wenn diese Verflechtungen im Alltag nicht immer offensichtlich sind, ist es notwendig, sie im Gesamtzusammenhang zu planen und zu steuern. Das integrierte Sicherheits- und Risikomanagement setzt genau an dieser Stelle an. Es macht Zusammenhänge transparent, ordnet Prioritäten und schafft die Grundlage, um den Schritt vom Risiko zur Resilienz konsequent zu gehen.

2.1 Das „Big Picture" im integrierten Sicherheits- und Risikomanagement

Das integrierte Sicherheits- und Risikomanagement lässt sich wie ein Gebäude verstehen (siehe Abb. 2.1). Im Fundament liegen drei Basiselemente, ohne die nichts dauerhaft trägt. **Qualitäts- und Prozessmanagement** sorgt für stabile, wiederholbare Abläufe und den PDCA-Zyklus im Business. **Brandschutz und Arbeitnehmer:innenschutz** bilden die elementare physische Schutzbasis für Menschen, Gebäude und Betrieb (z. B. AStV, ASchG, TRVB [Technische

M. Lechner, *Integriertes Sicherheits- und Risikomanagement*, essentials,
https://doi.org/10.1007/978-3-658-51633-8_2

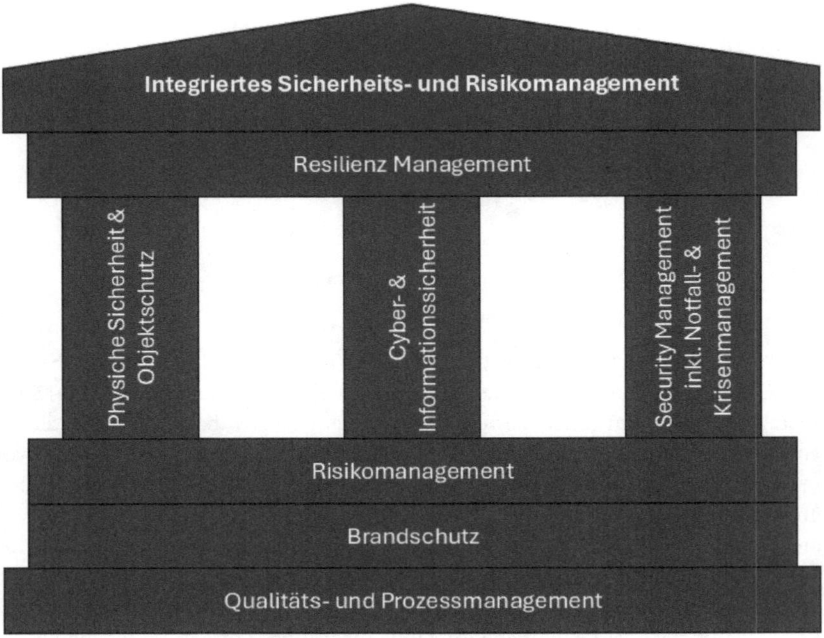

Abb. 2.1 „Big Picture" eines integrierten Sicherheits- und Risikomanagement

Richtlinien für vorbeugenden Brandschutz]). **Risikomanagement** nach einheitlichen Kriterien definiert Kontext, Bewertung, Prioritäten und Verantwortlichkeit. Dieses Fundament verankert Rollen, Nachweise und Standards (z. B. ISO 9001, ISO 31000, ISO 14001, ISO 27001) und macht Sicherheit prüf- und steuerbar.

Darauf stehen drei Säulen, die unterschiedliche Schutzdimensionen abdecken und sich gegenseitig stützen. **Physische Sicherheit inkl. Objektschutz** adressiert Zutritt, Gelände, Gebäude, Arbeits- und Personensicherheit sowie Technik, wie Einbruch- und Überwachungssysteme (z. B. ÖNORM S. 2412). **Cyber- und Informationssicherheit** schützt Daten, materielle und immaterielle Informationen, Anwendungen, Systeme und Netze entlang von Vertraulichkeit, Integrität und Verfügbarkeit, einschließlich Cloud, OT/IoT und Software-Lieferkette (z. B. ISO 27001/27002). **Security inkl. Notfall- und Krisenmanagement** bündelt Prävention, Detektion, Reaktion und Wiederherstellung bei intentionalen Bedrohungen und Betriebsstörungen sowie die Stabs-, Melde- und Kommunikationsfähigkeit (z. B. ISO 22301, NIS-2, RKE, ÖNORM S 2412, ÖNORM EN ISO 22313, ONR D 4902-3). Jede Säule wirkt technisch, organisatorisch und menschlich.

Über den Säulen spannt sich das **Resilienz-Management** wie der Dachstuhl. Es richtet den Fokus auf die Frage, wie Unternehmen Störungen früh erkennt, absorbiert, sich anpasst und wieder anläuft. Dabei werden Abhängigkeiten zu Menschen, Daten, Lieferkette, Standorten und Medienversorgung berücksichtigt. Resilienz ist die verbindende Logik, die Prioritäten, Zeitziele, Übungen, Lessons Learned und Reporting zusammenführt und Entscheidungen beschleunigt (z. B. ISO 22301, ISO 22316).

Als Ganzes entsteht so das **integrierte Sicherheits- und Risikomanagement.** Das Fundament liefert Struktur und Nachweisführung, die Säulen decken die Schutzfelder ab, das Resilienz-Management verbindet alles zu einem handlungsfähigen System, welches in Abb. 2.1 erkennbar ist.

Dieses „Big Picture“ macht deutlich, wo Resilienz überall mitzudenken ist, vom Prozess, in der Technik, in der Organisation und in der Kommunikation und warum sie nur dann wirkt, wenn alle Bausteine zusammen geplant, betrieben und optimiert werden.

Wie es zu so einem Zusammenspiel kommen kann, beschreibt der Prozess „Risk-to-Resilience“.

2.2 Prozess „Risk-to-Resilience“

Ein integriertes Sicherheits- und Risikomanagement funktioniert nur dann zuverlässig, wenn alle Beteiligten demselben klar definierten und strukturierten Prozess folgen. Ein solcher End-to-End-Ablauf schafft ein gemeinsames Verständnis dafür, wer welche Aufgabe hat, macht Abhängigkeiten sichtbar und verhindert Lücken oder Doppelarbeiten zwischen Security, Risiko, BCM, IT/OT, Legal, Fachbereichen und Lieferant:innen. Entscheidungen werden damit vergleichbar, nachvollziehbar und prüfbar und das von der ersten Lageeinschätzung über die Bewertung und Priorisierung bis hin zu Maßnahmen, Übungen und Management-Reporting (anschlussfähig an ISO 31000, ISO 27001, ISO 22301, ISO 22316). Für Führungskräfte bedeutet das: Weniger Ad-hoc-Reaktionen, mehr Steuerbarkeit und eine belastbare Grundlage für Budget, Verantwortung und Rechenschaft.

Gerade KMU profitieren von einem schlanken, wiederholbaren Prozess, weil er Wissen von Einzelpersonen löst, Onboarding vereinfacht und die Audit- und Nachweisfähigkeit stärkt. Der Mehrwert ist aus dem Qualitätsmanagement bekannt (ISO 9001, 2015). Ein standardisiertes Prozessmanagement liefert Stabilität, gleichbleibende Qualität und kontinuierliche Verbesserung, nur eben übertragen auf Sicherheit, Risiko und Resilienz.

Der **Risk-to-Resilience Prozess** kann in folgende sechs Schritte unterteilt werden, welcher anhand der nachstehenden Standards hergeleitet werden kann (z. B. ISO 31000, ISO 27005, ISO 22301, ISO 22316, Durchführungsverordnung zu NIS-2, BSI-Standard 200-4):

1. **Kontext verstehen:**
   Was ist geschäftskritisch? Welche Leistungen/Services, Bereiche, Standorte, Lieferant:innen, IT/OT-Systeme, Daten?
2. **Gefahren & Schwachstellen erfassen:**
   Was und wo kann es schiefgehen (z. B. Phishing, Ausfall Kühlung, Hochwasser, Lieferantenausfall)? Wo sind wir verwundbar?
3. **Risiken bewerten:**
   Nach einheitlichen Kriterien (Eintritt, Auswirkung auf Finanzen, Betrieb, Regulatorik, Reputation, Personen). Ergebnis ist eine priorisierte Risikoliste.
4. **Kontrollen & Fähigkeiten zuordnen:**
   Welche präventiven, detektiven, reaktiven und wiederherstellenden Maßnahmen wirken gegen das jeweilige Risiko (z. B. Härtung, Überwachung, Incident- und BC-Prozesse)?
5. **Üben & verbessern:**
   Testen im Normalbetrieb (z. B. Desktop-/Table-Übung, Stress- und Wiederherstellungstest). Erkenntnisse fließen in Maßnahmen und Standards zurück.
6. **Steuern & berichten:**
   Verdichtung ins Steuerungscockpit für Management-Entscheidungen: Was ist grün/gelb/rot? Wo braucht es Budget, Freigaben, Eskalationen oder Redundanzen?

In Abb. 2.2 sind die einzelnen Schritte zur besseren Veranschaulichung dargestellt.

2.3 Governance

In einem integrierten Sicherheits- und Risikomanagement braucht es klare Zuständigkeiten, einheitliche Entscheidungswege und prüfbare Nachweise (z. B. ISO 31000, ISO 27001). Gute Governance sorgt dafür, dass Informationssicherheit, physische Sicherheit, Risiko, BCM, Legal und Fachbereiche abgestimmt zusammenarbeiten und handeln (Romeike & Hager, 2020). Dadurch werden Strukturen stabil, Prioritäten transparent und Doppelarbeiten reduziert, wo Verantwortung trotzdem nachvollziehbar bleibt. Das Ergebnis sind wirksam geminderte Risiken und eine messbar höhere Resilienz.

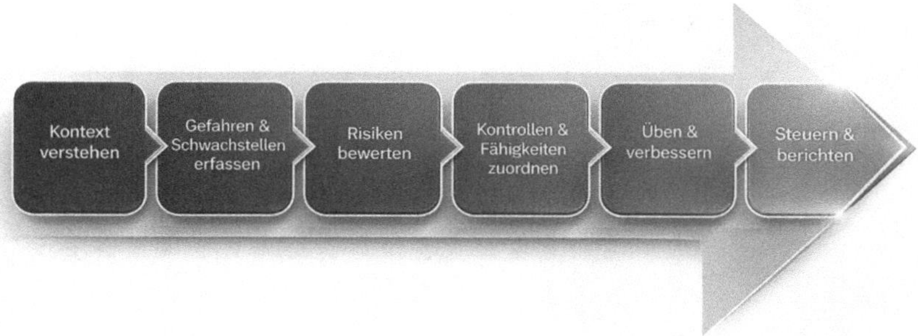

Abb. 2.2 Prozess „Risk-to-Resilience"*. (*Hinweis: Eigene Inhalte und graphische Darstellung mithilfe von ChatGPT Modell 5.2)

Im „Three Lines of Defence (3LoD)"-Modell gilt (Deutsches Institut für Interne Revision e. V., 2020):

- **1st Line:** z. B. IT-Betrieb, Produktion, Qualitätssicherung besitzt Prozesse und Assets und setzt Kontrollen um.
- **2nd Line:** Risikomanagement, Informationssicherheit/ISMS, Objektschutz, Compliance und Datenschutz setzt Standards, berät und überwacht.
- **3rd Line:** Interne Revision bzw. Internal Audit prüft unabhängig.

Diese Klarheit beschleunigt Entscheidungen, erleichtert den Nachweis gegenüber Management und Aufsicht und stützt den kontinuierlichen Verbesserungsprozess (KVP).

Zusätzlich verankern regelmäßige Gremien die Steuerung im Alltag. Hier könnte ein monatliches Steering für Top-Risiken, Maßnahmenstatus und Budgetentscheidungen, ein Change-Board (oder Projekt-Team) für risikorelevante Änderungen (z. B. neue Cloud-Dienste/Software, OT-Anpassungen oder Implementierungen) sowie ein Krisenstab für Störungen mit Melde- und Kommunikationspflichten (z. B. ISO 22301, NIS-2, DSGVO) sinnvoll sein. Entscheidungen werden protokolliert, inklusive Begründung, Verantwortliche, Fristen und Nachweise, denn so bleiben Unternehmen audit- und managementfähig.

In der Tab. 2.1 werden die gängigsten Rollen mit deren Kernaufgaben dargestellt.

Ein definiertes Rollenbild (z. B. anhand des RACI-Prinzips: Responsible, Accountable, Consulted und Informed) ist die Basis für eine effiziente Struktur. Weniger Reibung, schnellere Entscheidungen und nachvollziehbare Verantwortung werden dadurch ermöglicht. Besonders hilfreich ist eine konsequente Dokumenta-

Tab. 2.1 Rollenübersicht und Kernverantwortung

Rolle	Hauptaufgaben (Auszug)	Typische Entscheidungen/ Kompetenzen	Kern-Artefakte/Nachweise
Geschäftsführung/ Executive	Zielbild, Ressourcen, Verantwortung für Risikoakzeptanz	Risikoakzeptanz, Budget/Freigaben, Priorisierung strategischer Maßnahmen	Beschlüsse/Protokolle, Risikoappetit, Budgetfreigaben
CISO/ Informationssicherheit	ISMS führen (ISO/IEC 27001), Policies/Controls, Monitoring	Auswahl/Änderung von Sicherheitskontrollen, Freigaben in SDLC/Cloud	ISMS-Lenkungshandbuch, Richtlinien, Kontrollberichte
CRO/Enterprise Risk Management	Rahmen nach ISO 31000, konsistente Bewertung & Aggregation	Risikokriterien, Methodik, Portfolio-Priorisierung	Risikoprozess, Bewertungsleitfaden, Risikoreport
BCM-Lead/Notfall- & Krisenmanagement	BIA, Pläne, Übungen, Wiederanlauf (ISO 22301/BSI 200-4)	Aktivierung Krisenstab, Notbetriebsverfahren, Übungsziele	BIA/BC-Pläne, Übungsprotokolle, After-Action-Reports
IT/OT-Verantwortliche (Service/Asset Owner)	Betrieb/Härtung, Patch/ Backup/Restore, OT-Sicherheit	Changes an Systemen, Umsetzung technischer Kontrollen	CMDB/Asset-Nachweise, Change-Tickets, Backup-Logs
Legal & Datenschutz (inkl. DSB)	Verträge, Meldungen, DSFA, Rechts–/Meldepflichten	DSFA-Pflicht, Meldung an Behörde/ Betroffene, Vertragsklauseln	DSFA, Meldeunterlagen (DSGVO/NIS-2), Vertragsanhänge
Compliance/Interne Kontrollen (2nd Line)	Richtlinienkonformität, Kontroll-Design/Wirksamkeit	Ausnahmegenehmigungen, Eskalation bei Abweichungen	Kontrollkatalog, Testpläne, Compliance-Berichte
Beschaffung/Third-Party-Management	Due Diligence, Resilienz-/ Sicherheitsklauseln, Monitoring	Lieferantenzulassung, Vertragsauflagen, Exit-Trigger	Lieferantenbewertung, SLAs, Audit-Nachweise
PR & Kommunikation	Krisenkommunikation, Stakeholder-Information	Freigabe von Statements, Kanalwahl/Timing	Freigabeketten, Q&As, Kommunikationsprotokolle
Interne Revision (3rd Line)	Unabhängige Prüfungen, Wirksamkeit des Systems	Prüfplan, Feststellungen, Follow-up	Revisionsberichte, Maßnahmenverfolgung
Security–/Risk-Champions	Übersetzen in den Alltag, Sensibilisierung vor Ort	Lokale Maßnahmen, First-Level-Eskalationen	Checklisten, Kurztrainings, Rückmeldungen ans Steering

tion, wie z. B. wer entscheidet was, nach welchen Kriterien, bis wann und mit welchem Nachweis. In Prüfungen und in Krisen zahlt sich das doppelt aus, weil Eskalationswege bekannt sind, Stabsarbeit funktioniert und Meldepflichten fristgerecht erfüllt werden. Auch KMU profitieren, wenn sie das Modell schlank halten, Rollen bündeln und Vertretungen regeln. So wird Governance von der Papierordnung zur gelebten Routine und legt die Basis für eine gemeinsame Sprache (Taxonomie).

2.4 Gemeinsame Sprache

Ohne eine gemeinsame Sprache reden Teams oft aneinander vorbei. Der eine meint „Risiko“, die andere denkt an „Incident“ oder sogar an „Chance“, die IT spricht von „Assets“, der Fachbereich von „Prozessen“. Für ein integriertes Sicherheits- und Risikomanagement ist eine einheitliche Begriffswelt unabdingbar, damit Bewertungen vergleichbar, Maßnahmen sauber verknüpft und Nachweise prüfbar sind. Sie erleichtert Übergaben zwischen Abteilungen, reduziert Missverständnisse und bildet die Grundlage für Berichte, Audits und eine abteilungsübergreifende Zusammenarbeit.

Die nachfolgenden Begrifflichkeiten orientieren sich u. a. an ISO 31000, ISO/IEC 27001/27002/27005 und ISO 22301, ergänzt um gängige Praxisbegriffe.

- Risiko: Wirkung von Unsicherheit auf Ziele (negativ wie positiv)
- Bedrohung: Ursache/Handlung, die Schaden ermöglichen kann (z. B. Angriff, Feuer, Hochwasser)
- Schwachstelle: Lücke/Verwundbarkeit, über die eine Bedrohung wirken kann
- Asset/Prozess: Wert oder Tätigkeit, die geschützt werden soll (z. B. System, Daten, Produktionslinie)
- Schutzbedarf/Kritikalität: Bedeutung eines Assets/Prozesses für das Unternehmen (z. B. hoch/mittel/niedrig)
- Kontrolle (Control): Maßnahme zur Risikominderung: präventiv, detektiv, reaktiv, wiederherstellend
- Maßnahme: Konkrete Umsetzungsaktivität inkl. Owner, Fälligkeit und Status
- Incident/Ereignis: Störung oder Sicherheitsvorfall mit Auswirkung sowie "Beinahe-Ereignis" ohne eingetretenen Schaden
- Notfall/Krise: Erhebliche Beeinträchtigung des Betriebs; Krise mit zusätzlichem strategischem/kommunikativem Druck.
- Business Impact: Auswirkung eines Ausfalls auf Leistungen, Kund:innen, Finanzen und Pflichten

- Risikoappetit/-toleranz: Akzeptierter Grad an Risiko bzw. zulässige Bandbreite je Wirkungskategorie
- Resilienz: Fähigkeit, Störungen zu verkraften, sich anzupassen und Leistungen rasch wiederherzustellen
- Owner/Verantwortliche Rolle: Benannte Person/Stelle, die für Risiko, Kontrolle oder Maßnahme haftet
- Evidenz/Nachweis: Prüffähiges Belegstück für die Wirksamkeit einer Kontrolle oder Maßnahme
- Lieferant:in/Drittpartei: Externe Abhängigkeit mit vertraglich geregelten Anforderungen und Pflichten
- Datenklassifikation: Einstufung nach Vertraulichkeit/Integrität/Verfügbarkeit (z. B. öffentlich, intern, vertraulich, streng vertraulich)

2.5 Risikokriterien, Skalen und Toleranzen

Damit Risiken vergleichbar und priorisierbar werden, braucht es gemeinsame Kriterien und einheitliche Skalen (z. B. ISO 31000). Sonst bewertet jede Abteilung „nach Gefühl" und Entscheidungen lassen sich weder erklären noch wiederholen (Gleißner, 2017). In der Praxis hat sich ein einfacher Aufbau bewährt. Wir betrachten Eintrittswahrscheinlichkeit und Auswirkung und bewerten die Auswirkung getrennt nach Wirkungskategorien. Typische Kategorien sind Finanzen, Betrieb/Verfügbarkeit, Regulatorik/Compliance, Reputation und Menschen/Arbeitssicherheit (z. B. ISO 22301) (Romeike & Hager, 2020). So erkennt das Management, wo ein Risiko trifft und wie stark.

Üblich sind 5- oder 10-stufige Skalen (z. B. in der FMEA lt. DIN EN 60812:2015). In der Praxis führen ungerade Skalen jedoch oft zu einem Mitte-Bias, denn bei Unsicherheiten wird gern die neutrale Mitte gewählt (etwa „3" bei 1 bis 5), wodurch Prioritäten verwischen (Renn, 2014). Empfehlenswert sind deshalb gerade Skalen ohne Neutralpunkt, z. B. 4 Stufen mit klaren Definitionen. Für die Eintrittswahrscheinlichkeit hilft eine Mischung aus Erfahrungswerten, Branchenwissen und vorhandenen Daten (z. B. Häufigkeiten in Vorjahren). Das Ergebnis ist eine Matrix oder Rangliste, mit der sich Risiken transparent priorisieren lassen.

Risikotoleranzen geben vor, welches Risikoniveau in welcher Kategorie akzeptiert wird. Ein Unternehmen kann etwa bei Reputation wenig, bei Betrieb etwas mehr akzeptieren. Diese Toleranzen werden vom Management beschlossen und regelmäßig überprüft (z. B. jährlich oder nach größeren Vorfällen). Wichtig sind hierbei die Dokumentation und dieselbe Sprache. Für die unterschiedlichen Kategorien, wie z. B. Reputation, Compliance, Finanz, Arbeitssicherheit müssen separate Kriterien definiert werden, wie in Tab. 2.2 als Beispiel herangezogen werden kann. Die Kriterien sollten unbedingt an das jeweilige Unternehmen abgestimmt sein, da ein Schaden mit 100.000 € für ein KMU existenzbedrohend sein kann und solch eine Strafzahlung für einen Großkonzern kein Problem darstellt.

Es ist zudem ratsam, dass bei derartigen Risikobewertungen Expert:innen aus dem Fachbereich hinzugezogen werden sollten, da sie dort das meiste Know-how haben. In anderen Worten, die Risikobewertung sollte nicht nur auf Management-Ebene oder operativer Ebene abgehalten werden, sondern in Zusammenarbeit.

Nachdem die Risiken anhand der unterschiedlichen Kategorien eingestuft wurden, fließen sie in eine Risikomatrix, damit eine Priorisierung getroffen werden kann, wie in Abb. 2.3 veranschaulicht.

Der hellgraue Bereich einer Risikomatrix wird oft als ALARP-Zone bezeichnet (As Low As Reasonably Practicable, so niedrig wie vernünftigerweise praktikabel wie in Abb. 2.3 angeführt). Er bedeutet, dass das Risiko nicht voll akzeptabel, jedoch tolerierbar ist, sofern angemessene Maßnahmen umgesetzt und regelmäßig überprüft werden. Weitere Risikominderungen sind durchzuführen, solange der erwartete Sicherheitsgewinn in einem angemessenen Verhältnis zu Aufwand, Kosten und Zeit steht. Ist der zusätzliche Aufwand unverhältnismäßig hoch, kann das verbleibende Restrisiko mit Begründung und Monitoring vorübergehend akzeptiert werden.

2.6 Task-Management und Monitoring von Maßnahmen

Maßnahmen sind der Punkt, an dem das Sicherheits- und Risikomanagement Wirkung entfaltet. Aus einer Bewertung wird erst dann Resilienz, wenn Aufgaben eindeutig beschrieben, zuverlässig umgesetzt und nachweislich wirksam sind. Ein schlankes Task-Management schafft dafür die Grundlage. Es verbindet Risiken, Kontrollen, Vorfälle, Übungen und Audits mit konkreten To-dos, klaren Verantwortlichen und festen Terminen. So wird sichtbar, was geplant ist, was läuft, was blockiert ist und was nachweislich funktioniert.

Der Lebenszyklus einer Maßnahme kann anhand des PDCA-Prinzips (Plan>Do>Check>Act) angelehnt werden.

1. **Anlegen**
   Auslöser sind ein Risiko, ein Incident, ein Übungsergebnis oder ein Audit-Finding. Die Aufgabe erhält eine kurze Zielaussage, die den erwarteten Nutzen beschreibt.

Tab. 2.2 Risikokriterien je Kategorie (Beispiele)

Stufe		Reputation	Compliance	Finanz (Richtwerte)	Arbeitssicherheit
1	Sehr gering	Negatives Feedback intern oder in kleiner Community; keine Medienresonanz	Geringfügige Abweichung ohne Meldepflicht; sofort korrigierbar	< 10.000 € einmaliger Aufwand/ Schaden	Beinaheunfall oder minimale Verletzung ohne Ausfallzeit (Pflaster)
2	Gering	Lokale/Reichweiten-arme Kritik; kurzzeitige Social-Media-Diskussion	Hinweis/Aufforderung der Aufsicht; Anpassung von Dokumentation/Prozess	10.000–100.000 € Kosten/ Ertragseinbuße	Leichte Verletzung mit kurzer Ausfallzeit (≤ 1–3 Tage); Erste-Hilfe
3	Hoch	Branchenpresse oder überregionale Medien; spürbarer Vertrauensverlust bei Kunden	Förmliches Verfahren/ Meldepflicht (z. B. DSGVO/ NIS2); Auflagen/Bußgeld im mittleren Bereich	100.000-1 Mio. € Kosten/Verluste	Meldepflichtiger Arbeitsunfall; ärztliche Behandlung; längere Ausfallzeit; mögliche leichte Dauerschäden
4	Sehr hoch	Breite nationale/ internationale Berichterstattung; Boykott/ Abwanderung; nachhaltiger Reputations-schaden	Hohe Bußgelder, Betriebsbeschränkung/-untersagung, strafrechtliche Ermittlungen	> 1 Mio. € erheblicher finanzieller Effekt	Schwere Verletzung mit Dauerschaden oder Todesfall

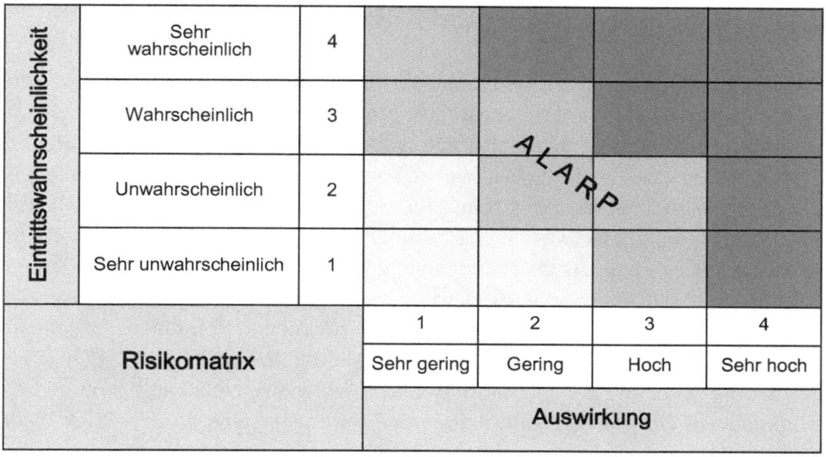

Abb. 2.3 Beispiel einer Risikomatrix (4 × 4 Skala)

2. **Planen**
   Es werden Owner, Fälligkeit, Priorität und Abhängigkeiten festgelegt. Akzeptanzkriterien und geforderte Evidenzen werden von Anfang an definiert.
3. **Umsetzen**
   Die Aufgabe wird ausgeführt. Fortschritte, Entscheidungen und Blocker werden knapp dokumentiert, damit der Status jederzeit nachvollziehbar ist.
4. **Wirksamkeit prüfen**
   Die vereinbarten Akzeptanzkriterien werden getestet. Beispiele sind ein Wiederherstellungstest, ein Konfigurationsnachweis oder ein Protokoll aus einer Funktionsprüfung.
5. **Abschließen und verknüpfen**
   Mit dem Nachweis wird die Aufgabe abgeschlossen. Das verknüpfte Risiko oder Finding erhält ein Update, damit die Lage dokumentiert wird.
6. **Lernen**
   Wichtige Erkenntnisse fließen als Lessons Learned in Standards, Checklisten und künftige Aufgaben ein.

Für kleine Unternehmen genügt eine einzige, gepflegte Liste mit diesen Feldern. Größere Unternehmen binden die Felder in bestehende Ticket- oder Projekttools ein und verknüpfen sie mit Risiko- und Kontrollkatalogen.

2.7 Incident-, Notfall- und Krisenmanagement

Wer Sicherheit ernst nimmt, investiert Herzblut und Geld. Trotzdem kann ein einziger falscher Klick, ein defektes Relais, eine fehlerhafte Änderung oder ein Zulieferausfall den Tag kippen. Incidents, Notfälle und Krisen gehören zur Realität moderner Betriebe. Die Ursachen reichen von menschlichen Fehlern über Technikversagen bis zu Angriffen und Naturereignissen (Romeike & Hager, 2020). Entscheidend ist nicht, ob etwas passiert, sondern wie gut das Unternehmen vorbereitet ist und wie es reagiert. Notfallpläne und Wiederanlaufpläne, klare Rollen, geübte Abläufe und festgelegte Meldewege machen den Unterschied. Ebenso zählt die erste Stunde danach, denn hier werden Erkennen, Einordnen, Gegenmaßnahmen und Kommunikation auf den Prüfstand gestellt. Die folgenden Punkte zeigen, worauf es beim Incident-, Notfall- und Krisenmanagement ankommt und wie Unternehmen den Betrieb stabil halten und Vertrauen sichern (z. B. ISO 22301, BSI 200-4).

Zuerst einmal drei Begriffe, welche bei der Einordnung anhand der zuvor genannten Standards besser helfen:

1. Ein **Incident** ist ein Sicherheits- oder Betriebsereignis mit Auswirkung.
2. Ein **Notfall** liegt vor, wenn „eine plötzliche, akute Gefahr, die eine sofortige Reaktion erfordert, um unmittelbare Schäden an Leben, Gesundheit oder Eigentum zu verhindern“ und mit der Linienorganisation noch bewältigbar ist (Bundesministerium für Inneres, 2024).
3. Eine **Krise** entsteht, wenn „ein unerwartetes Ereignis von größerem Ausmaß, das die gesamte Organisation, eine Gemeinschaft oder die Umwelt betreffen kann“ und zusätzlich strategischer, rechtlicher oder kommunikativer Druck besteht sowie die normale Linienorganisation nicht mehr ausreicht (Bundesamt für Bevölkerungsschutz und Katastrophenhilfe, o. J., Bundesministerium für Inneres, 2024).

Die Eskalationsstufen können aus Abb. 2.4 entnommen werden.

Ein Incident kann sich, wenn Frühwarnzeichen übersehen werden, schleichend zum Notfall und weiter zur Krise entwickeln oder kann eine Krise ebenso ohne erkennbare Vorzeichen abrupt eintreten, wodurch z. B. die beiden Zwischenstufen (Incident und Notfall) übersprungen werden.

Ziele und Prinzipien im Incident-, Notfall- und Krisenmanagement sind unter anderem:

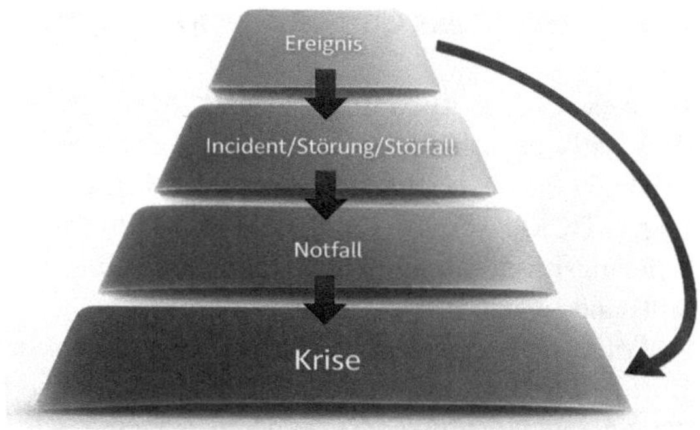

Abb. 2.4 Eskalationsstufen*. (*Hinweis: Eigene Inhalte und graphische Darstellung mithilfe von ChatGPT Modell 5.2)

- Schnelles Erkennen, Bewerten und Eindämmen von Ereignissen
- Schutz von Menschen, Vermögenswerten, Daten und Marken
- Erfüllung gesetzlicher und vertraglicher Meldepflichten
- Geordnete Wiederherstellung und lückenlose Nachvollziehbarkeit

Ein wirksames Notfall- und Krisenmanagement braucht ein eingespieltes Team (einen Krisenstab), welches die wichtigsten Fachbereiche abdeckt. Dazu zählen IT und Cybersecurity, Recht, PR und Kommunikation, Sicherheits–/Risikomanagement und BCM, Dokumentation sowie Einkauf und je nach Lage Produktion, HR, Finanzen und Facility. Eine Möglichkeit besteht auch darin, dass ein Krisenkernteam definiert wird sowie Erweiterungsfachgruppen, welche je Szenario zusätzlich alarmiert und hinzugezogen werden können. Dieses Team übernimmt im Ereignisfall die zuvor genannten Aufgaben: Erkennen, Einordnen, Entscheidungen, Maßnahmensteuerung, Kommunikation, Meldepflichten und lückenlose Protokollierung. Es ist außerdem für die Vorbereitung verantwortlich, erstellt und pflegt Unterlagen, Checklisten, Kontaktlisten und Vorlagen, plant Übungen und stellt sicher, dass Rollen, Eskalationswege und Vertretungen klar definiert sind (z. B. ISO 22301, ISO 27001, BSI 200-4).

Bevor ein Vorfall zur Dauerbelastung wird, braucht es mehr als gute Reaktion. Da kommt Business Continuity Management ins Spiel, denn es beantwortet die Kernfragen: Welche Leistungen müssen weiterlaufen, wie lange dürfen sie ausfallen und wie schnell müssen die Prozesse gestartet werden.

2.8 Business Continuity Management und Wiederanlauf

Business Continuity Management (BCM) nach ISO 22301, BSI 200-1 sorgt dafür, dass kritische Leistungen weiterlaufen oder schnell wieder anlaufen, vor allem unabhängig davon, ob die Ursache in IT/OT, Lieferkette, Personal oder Infrastruktur liegt. BCM schafft Klarheit über Prioritäten, Zeitziele und Minimal-Leistungsniveaus und macht damit aus einem Vorfall keinen Unternehmensstillstand.

Folgende Bestandteile sind im BCM zu berücksichtigen. Zuerst erfordert es eine Business Impact Analysis (BIA), welche kritische Prozesse, Ressourcen und Abhängigkeiten identifiziert. In anderen Worten: „Was tut dem Unternehmen am meisten weh?" Dann sind Zeitziele wie RTO (Wiederanlaufzeit), RPO (maximaler Datenverlust) und MTPD (Maximum Tolerable Period of Disruption bzw. maximal tolerierbare Unterbrechung) erforderlich zu definieren. Darauf aufbauend entstehen Kontinuitäts- und Wiederanlaufpläne mit klaren Rollen, Entscheidungswegen, Kontakten, Workarounds, Ersatzstandorten oder Alternativlieferant:innen sowie den Bezügen zu IT-Disaster-Recovery, Kommunikation und Meldepflichten. Abschließend sind regelmäßige Tests und Übungen notwendig und zeigen, ob die Pläne tauglich sind und liefern zudem die Evidenz für Management, Audit und Aufsicht.

2.8.1 Die Business-Impact-Analyse (BIA)

Die BIA beantwortet zwei Kernfragen: Was schmerzt bei einem Ausfall am stärksten und wovon hängt diese Auswirkung ab. Sie priorisiert Leistungen und Prozesse nach ihrem geschäftlichen, rechtlichen und operativen Einfluss über die Zeit und legt damit die Grundlage für RTO, RPO und Wiederanlaufreihenfolgen (z. B. ISO 22316).

Bei einer BIA müssen verschiedene Abhängigkeiten in einem Unternehmen berücksichtigt werden. In der nachstehenden Abb. 2.5 wird ein produzierendes Unternehmen und dessen Prozesse bzw. relevanten Stakeholder in vereinfachter Form dargestellt.

Damit ein Unternehmen Produkte herstellen und verkaufen kann, braucht es ein Zusammenspiel vieler Bausteine. Rohstoffe und Vorprodukte werden von Lieferant:innen bezogen und mit Produktionsanlagen, Hilfsstoffen und Energie, wie Strom, zu fertigen Erzeugnissen verarbeitet. Diese werden gelagert und anschließend über Logistik und Transport an Kund:innen ausgeliefert, erst dadurch entsteht Umsatz.

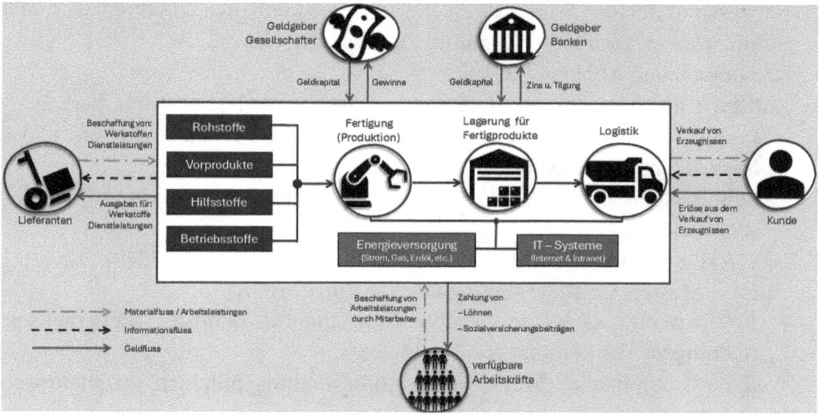

Abb. 2.5 Abhängigkeiten in einem produzierenden Unternehmen. (Eigene Darstellung)

Gesteuert wird die gesamte Planung und Fertigung durch IT-Systeme und durch Mitarbeitende, die Prozesse ausführen, überwachen und Entscheidungen treffen. Zusätzlich braucht es ausreichende Liquidität, etwa aus laufenden Einnahmen, Kreditlinien, Banken oder durch Gesellschafter, um Betrieb, Investitionen und Wachstum zu finanzieren. Am Ende hängt die Funktionsfähigkeit eines Unternehmens davon ab, dass viele kleine Zahnräder gleichzeitig und verlässlich ineinandergreifen, von Menschen über Systeme bis zur Lieferkette. Eine Business-Impact-Analyse macht diese Abhängigkeiten sichtbar und zeigt, an welchen Stellen Ausfälle besonders schnell zu kritischen Auswirkungen führen.

Ergänzend dazu liefern die folgenden Punkte weitere Denkanstöße:

- Umsatz- und margenstarke Kund:innen
  Konzentration auf A-Kund:innen (bzw. Tier 1), vertragliche Pönale, SLA-Verpflichtungen, Saisonalität/Peak-Zeiten.
- Produkte und Dienstleistungen
  Deckungsbeitrag, Abhängigkeit zu Vorprodukten/Modulen, Ersatz- und Sicherheitsrelevanz (z. B. Medizin, Lebensmittel, Energie).
- Kernprozesse und Wertströme
  Umsatzstarke Produktionsanlagen, wertschaffende und überlebensnotwendige (Kern-)Prozesse.
- Produktionsanlagen und Standorte

Engpassmaschinen, Werkzeuge, Reinräume, Medienversorgung, wie etwa Strom, Wasser, Druckluft, Kühlung, Zusatzstoffe, Gas etc.

- Ressourcen und Abhängigkeiten:
  Rohstoffe und Materialien: Lieferzeiten, Lagerbestände, Substituierbarkeit.
  - Lieferant:innen und Dienstleister:innen: Tier-2/3-Abhängigkeiten, Cloud/SaaS, Transport/Spedition.
  - Schlüsselpersonen: Mindestbesetzung, Spezialkenntnisse, Rufbereitschaften.
  - IT/OT-Systeme und Daten: Datenverarbeitungssysteme (ERP), Netz/Storage, Master- vs. Bewegungsdaten, Backups/Archiv.
  - Infrastruktur: Gebäude, Produktionsstandorte, Zutritt, Sicherheitseinrichtungen, Telekommunikation, Internet.
    Recht/Compliance: Melde- und Aufbewahrungspflichten, regulatorische Fristen.

Die Auswirkungen bei einem Ausfall werden in Zeitfenstern betrachtet, z. B. 0–4 h, 4–24 h, 1–3 Tage, 3–7 Tage, > 7 Tage. Für jedes Fenster werden Effekte in Wirkungskategorien bewertet, etwa Finanzen, Betrieb/Verfügbarkeit, Reputation/Kommunikation, Compliance/Regulatorik und Personen/Sicherheit. Diese Sicht zeigt, ab wann ein Ausfall untragbar wird (MTPD = Maximum Tolerable Period of Disruption) und welches Minimal-Leistungsniveau (MBCO = Minimum Business Continuity Objective) aufrechtzuerhalten ist.

Der Ablauf einer Business Impact Analyse kann in folgende Schritte unterteilt werden (z. B. ISO 22316, ISO 22301, BSI 200-4):

1. **Scope und Kriterien festlegen**
   Organisationseinheiten/Standorte bestimmen, Wirkungskategorien, Zeitfenster und Bewertungsskala definieren sowie Annahmen dokumentieren.
2. **Kritische Prozesse identifizieren**
   Leistungen und Prozesse erfassen, Ausgaben/Erlöse, Servicelevel, saisonale Peaks und vertragliche Verpflichtungen berücksichtigen.
3. **Abhängigkeiten berücksichtigen**
   IT/OT-Systeme, Daten, Personal, Lieferant:innen/Logistik, Infrastruktur und Medienversorgung pro Prozess zuordnen.
4. **Auswirkungen über die Zeit bewerten**
   Workshops/Interviews und Belege (SLA, Stücklisten, Volumina, Finanzdaten) nutzen, qualitative und wo möglich quantitative Einschätzung je Zeitfenster.

5. **Zeitziele festlegen**
   RTO (Wiederanlaufzeit) pro Prozess/Asset, RPO pro Datenobjekt, MTPD und MBCO bestimmen und mit Fach- und Führungsrollen abstimmen.
6. **Ressourcenbedarf für den Notbetrieb ableiten**
   Mindestbesetzung, Ersatzverfahren/Workarounds, Alternativlieferant:innen, Ausweichstandorte, DR-Abhängigkeiten.
7. **Priorisierung und Wiederanlaufreihenfolge**
   Prozesse/Assets in Wiederanlauf-Wellen bündeln und Sequenzen eindeutig festlegen.
8. **Validierung und Freigabe**
   Ergebnisse mit Management bestätigen, Schnittstellen zu Incident-/Krisenmanagement und DR verzahnen.
9. **Pflege und Tests**
   Regelmäßige Aktualisierung nach Änderungen/Vorfällen, Wirksamkeit durch Übungen/Tests belegen.

Die Merkregel lautet: Erst identifizieren, wo es am meisten weh tut, dann verstehen, wovon es abhängt und schließlich festlegen, wie und in welcher Reihenfolge wieder angefahren wird.

2.8.2 Der Business-Continuity-Plan (BCP)

Auf Basis der Ergebnisse aus der Business-Impact-Analysis (BIA) werden Prioritäten festgelegt und für die kritischen Prozesse konkrete BCP-Konzepte erarbeitet. Die ISO 22301, ISO 22316 sowie der BSI-Standard 200-4 dienen als normative Guidance. Diese beschreiben die erforderlichen Schritte und Inhalte, um Unterbrechungen zu überbrücken und den Wiederanlauf planbar zu machen.

Ein BCP beschreibt wie ein kritischer Prozess bei Störung weitergeführt oder wie er innerhalb definierter RTO/RPO und MTPD wieder aufgenommen wird. Er gilt für klar benannte Prozesse/Standorte, nennt Rollen, Alarmierungsketten, Entscheidungswege und Kontaktpunkte und verbindet operative Maßnahmen mit Kommunikation sowie mögliche Meldeverpflichtungen.

Das Vorgehen bei Erstellung und Pflege folgt einem schlanken, aber konsequenten Ablauf:

Scoping und Übernahme der BIA-Ergebnisse, das heißt Prioritäten, Zeitziele, Minimal-Leistungsniveaus und Abhängigkeiten werden in den Planrahmen überführt.

Zusammenstellung eines interdisziplinären Autorenteams aus Prozessverantwortlichen, IT und OT, Lieferkettenmanagement, Recht und Kommunikation, das eine einheitliche Struktur und Terminologie festlegt.

Ausarbeitung des Plans mit klaren Aktivierungskriterien, Rollen, Kontaktketten, Schrittfolgen für die erste Stunde und den geordneten Wiederanlauf, manuellen Ersatzverfahren, Ressourcenlisten, Checklisten sowie festgelegter Dokumentation, Aufbewahrungsorten und Zugriffsrechten auch offline. **Trockenübung am Schreibtisch** mit anschließender Korrektur, damit Lücken in Kontakten, Abhängigkeiten oder Entscheidungen früh sichtbar werden.

Funktionaler Test im Betriebskontext, zum Beispiel ein Wiederanlauftest oder ein Teilprozess unter Notbetriebsbedingungen, mit Ergebnissen, die als Evidenz abgelegt und in Maßnahmen überführt werden.

Freigabe durch Prozesseigner und Management, Schulung der beteiligten Rollen, geregelte Verteilung auf geeignete Medien sowie regelmäßige Erinnerung an Fundstellen und Taschenformate für die schnelle Nutzung.

Pflege im Regelbetrieb durch feste Reviewzyklen und definierte Trigger, wie Organisationsänderungen, neue Systeme, Lieferantenwechsel oder Vorfälle, mit Versionsverwaltung, Lessons Learned und einem kurzen Reporting in das Steuerungscockpit, damit Abdeckung, Aktualität und Teststatus jederzeit erkennbar bleiben.

Der BCP ist die Handlungsanleitung für den Ernstfall. Er übersetzt BIA-Erkenntnisse in klare Schritte, bindet Rollen und Ressourcen ein und stellt Kommunikation und Nachweise sicher. Gut geschriebene, getestete und gepflegte Pläne machen den Unterschied zwischen improvisiertem Reagieren und planbarer Handlungsfähigkeit.

Die Vorteile eines BCP werden in der nachfolgenden Abb. 2.6 visualisiert. Mithilfe eines vorbereitenden Plans kann einerseits wertvolle Zeit und andererseits weiterer Schaden bzw. weitere Verluste reduziert werden.

Fazit

Kap. 2 zeigt den Weg vom Risiko zur Resilienz als durchgängiges System. Das Big Picture ordnet Fundament, Schutzsäulen und Resilienz zu einem belastbaren Gesamtbau. Der Risk-to-Resilience Prozess liefert einen klaren Ablauf von Kontext und Schwachstellen über Bewertung und Kontrollen bis zu Übungen, Steuerung und Berichten. Governance mit klaren Rollen, gemeinsame Begriffe und einheitliche Skalen machen Entscheidungen vergleichbar und prüfbar. Task Management mit sauberem Monitoring wandelt Beschlüsse in wirksame Maßnahmen und hält die Nachweise aktuell. Incident, Notfall und Krise werden geordnet be-

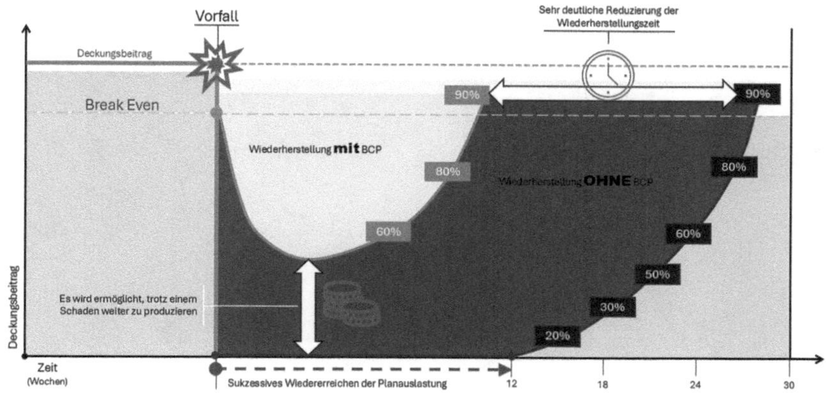

Abb. 2.6 Vorteile eines BCP. (Eigene Darstellung)

wältigt, BCM mit BIA und BCP sichert Fortführung und Wiederanlauf. So wird Sicherheit planbar, Transparenz steigt, Prioritäten sind klar und das Unternehmen gewinnt an Handlungsfähigkeit und strategischer Stärke.

Resilienz als strategisches Dach 3

Die Resilienz eines Unternehmens bezieht sich auf ihre Fähigkeit, Störungen zu identifizieren, auszuhalten, sich anzupassen und ihre Leistungen verlässlich fortzuführen. Resilienz hingegen betrachtet das gesamte System, während Risiko und Sicherheit oft auf einzelne Gefahren und Kontrollen ausgerichtet sind. Sie vereint Menschen, Prozesse, Technologie, Lieferketten und Standorte zu einer agierenden Einheit. Resilienz fungiert im integrierten Sicherheits- und Risikomanagement als übergeordneter Ordnungsrahmen. Sie ist der gemeinsame Nenner, auf den sich alle Schutzdisziplinen ausrichten. Während frühere Methoden oft einzelne Sektoren verbesserten, entwickelt die Resilienz ein umfassendes Verständnis für Abhängigkeiten, Belastungsgrenzen und Anpassungsfähigkeit.

In diesem Kapitel werden die grundlegenden Prinzipien der Resilienz behandelt, zentrale Kompetenzen aufgezeigt, Frühwarn- und Steuerungsmechanismen beschrieben sowie ein Reifegradmodell vorgestellt, das eine verständliche und messbare Entwicklung von Organisationen ermöglicht.

3.1 Grundprinzipien organisationaler Resilienz

Die Entstehung von Resilienz ist das Ergebnis eines Zusammenspiels aus Haltung, Strukturen sowie Fähigkeiten und nicht einer einzelnen Maßnahme (z. B. ISO 22316) (Renn, 2014). Vier grundlegende Prinzipien (siehe Abb. 3.1), die sich in der Praxis bewährt haben, bilden den Rahmen für ein widerstandsfähiges Unternehmen.

Antizipation beinhaltet die Kompetenz, Entwicklungen im Voraus zu erkennen, Risiken zeitnah zu identifizieren und potenzielle Auswirkungen zu begreifen (z. B. ISO 31000). Dies umfasst Szenarioanalysen, die Beobachtung von

M. Lechner, *Integriertes Sicherheits- und Risikomanagement*, essentials,
https://doi.org/10.1007/978-3-658-51633-8_3

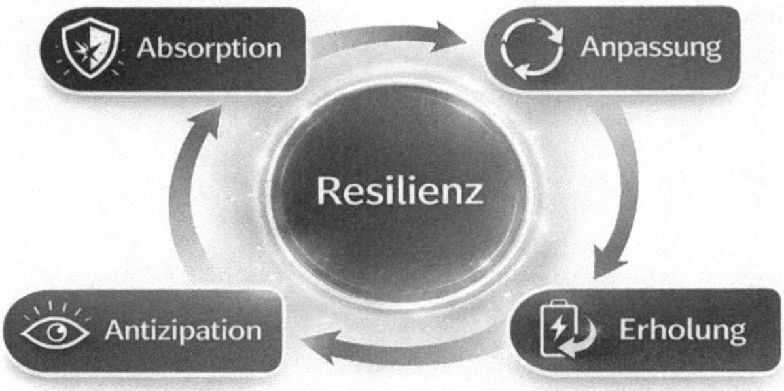

Abb. 3.1 Prinzipien der Resilienz*. (*Hinweis: Eigene Inhalte und graphische Darstellung mithilfe von ChatGPT Modell 5.2)

Umweltfaktoren, das Identifizieren von Anomalien sowie eine systematische Betrachtung von Frühindikatoren (Gleißner, 2017).

Absorption bezieht sich auf den Umgang mit unvermeidbaren Störungen (z. B. ISO 22316). Menschen, Prozesse und Systeme müssen in der Lage sein, Belastungen auszuhalten, ohne sofort auszusetzen. Technische Redundanzen, eindeutige Notfallstrategien, anpassungsfähige Personalplanung und ausgearbeitete Alternativlösungen mindern die unmittelbaren Auswirkungen eines Vorfalls (z. B. ISO 22301).

Mit **Anpassung** ist die Fähigkeit gemeint, sich im Verlauf einer Störung oder unmittelbar danach einzustellen (z. B. ISO 22316). Hierzu zählen Teams mit Improvisationstalent, kurze Entscheidungswege, erweiterte Verantwortung in der Rolle sowie die Bereitschaft zur kurzfristigen Umstellung von Abläufen (Schreyögg & Koch, 2020).

Erholung führt geordnet in den Normalbetrieb zurück. Priorisierte Abhängigkeiten, abgestimmte Kommunikation sowie getestete Wiederanlaufpläne sichern die Rückkehr zur Zielleistung (z. B. ISO 22301, BSI 200-4).

Wichtig: **Resilienz** stellt einen fortlaufenden Entwicklungsprozess dar. Sie resultiert aus kontinuierlicher Beobachtung und der Offenheit, aus Ereignissen, Entwicklungen und Veränderungen zu lernen. Dadurch entstehen widerstandsfähige, robuste und sichere Prozesse.

3.2 Kernfähigkeiten eines resilienten Unternehmens

Resilienz in Unternehmen wird praktisch, wenn konkrete Kompetenzen vorhanden sind. Diese beziehen sich auch auf Menschen, Abläufe und Strukturen. Der technische Aspekt spielt hier ebenfalls eine wichtige Rolle und sollte daher nicht vernachlässigt werden.

Zur Früherkennung gehören technische Kontrollen, Lagebeobachtung, Meldesysteme sowie das Bewusstsein der Mitarbeitenden für atypische Vorkommnisse. Frühzeitige Hinweise verschaffen wertvolle Zeit und ermöglichen ein geordnetes Handeln.

3.2.1 Kernfähigkeit: Einordnung

Mit **Einordnung** ist die Fähigkeit gemeint, eine Situation schnell zu erfassen. Hierzu zählen strukturierte Erstbewertungen, eindeutige Entscheidungskriterien und der Zugang zu relevanten Informationen. Fehlinterpretationen führen ohne diese Fähigkeit oft zu falschen Entscheidungen oder dem Verlust von Zeit.

Praxishebel:

- Ein *Triage* Blatt auf einer Seite mit drei Fragen:
  - Was ist betroffen und wie groß ist der Umfang?
  - Welche Wirkungskategorie trifft es Finanzen, Betrieb, Compliance, Reputation, Menschen?
  - Welches Zeitfenster gilt bis zur ersten Entscheidung?
- Einstufung in eine einfache Schwereklasse bzw. Kritikalität mit klaren Schwellen und Eskalationswegen
- Entscheidungsregel z. B. Zeit bis zur Erstentscheidung maximal 15 min, dann nächste Stufe
- Was braucht die Einsatzleitung in Minute 10 wirklich? Wer darf was freigeben?

3.2.2 Kernfähigkeit: Koordination

Koordination betrifft das Zusammenwirken von Rollen und Prozessen. Eine geordnete Reaktion wird durch klare Zuständigkeiten, vorbereitete Teams, Kommunikationsstrukturen und dokumentierte Verfahren sichergestellt. Diese

Kompetenz ist von besonderer Bedeutung, wenn zahlreiche Fachgebiete zugleich betroffen sind.

Praxishebel:

- „First Hour Card“ mit Aktivierung,
  - Rollen und Verantwortlichkeiten,
  - drei Pflichtinformationen: Lage, Ursache, Auswirkung sowie
  - Alarmierungskette.
- Notfallkontaktlisten in einem offline zugänglichen Format, Verfügbarkeit im Krisenraum bzw. hybrid/online
- Protokollführung von Beginn an, kurze Einträge mit Uhrzeit, Entscheidung, Verantwortlichem
- Vorbereitete Vorlagen für interne Updates und für externe Kommunikation
  - Wer leitet in Minute 1?
  - Wer schreibt das Protokoll und wo werden die Informationen zur Lage gesammelt?
  - Welche alternativen Kanäle nutzen wir, wenn Hauptsysteme ausfallen?
  - Was wird bei Szenario X, Y und Z kommuniziert?

3.2.3 Kernfähigkeit: Durchhaltevermögen

Die **Durchhaltefähigkeit** ist die Fähigkeit, trotz Einschränkungen weiterhin Leistungen zu erbringen. Hierzu gehören Redundanzen, verlässliche Workarounds, Anpassungsoptionen bei Personalengpässen und alternative Ressourcenzugänge.

Praxishebel:

- Minimalniveau pro Kernleistung definieren, z. B. prozentuelle Auslastung der Produktion oder Zahl der bearbeitbaren Aufträge
- Konkrete Workarounds dokumentieren, etwa manuelle Erfassung, vereinfachte Qualitätssicherung, alternative Prozesse oder Outsourcing (z. B. anderer Standort, Lohnfertigung)
- Mindestbesetzung und Vertretungen regeln, inklusive Rufbereitschaften
- Alternativen sichern, etwa Zweitlieferanten, Ausweichstandorte, mobile Arbeitsplätze
- Welche drei Schritte ermöglichen morgen eine reduzierte, aber tragfähige Leistung? Was fehlt heute dafür?

3.2.4 Kernfähigkeit: Wiederherstellung

Die **Wiederherstellung** umfasst technische und organisatorische Maßnahmen, die den Rückweg zum Normalbetrieb ermöglichen. Hierzu zählen Wiederherstellungstests, koordinierte Wiederanlaufreihenfolgen sowie die Anwendung von BCP-Konzepten.

Praxishebel:

- Wiederanlaufpläne pro System, Anlage und Prozess mit Reihenfolge, Abhängigkeiten und Abbruchkriterien
- Akzeptanzkriterien definieren, z. B. vollständige Datenprüfung, Freigabe durch Prozesseigner, Qualitätssicherung, Produkt-Eigner:in
- Regelmäßige funktionale Tests und mindestens eine Notfallübung pro Jahr, um Wiederanlaufpläne zu prüfen/testen
- Schutz der Wiederherstellung durch saubere Segmentierung und gesicherte Medien
- Welche drei Prüfpunkte bestätigen, dass das Unternehmen wirklich wieder arbeitsfähig ist? Wo ist die größte Abhängigkeit, welche den Wiederanlauf bremsen kann?

3.2.5 Lernfähigkeit

Die zuvor genannten Kompetenzen interagieren miteinander. Sie bilden das Rückgrat eines resilienten Unternehmens und überbrücken die Zeit zwischen einem unvorhergesehenen Vorfall und der vollständigen Wiederherstellung. Abb. 3.2 zeigt, dass die Lernfähigkeit eines resilienten Unternehmens die Basis darstellt, weil sich Fehler ohne Lernen wiederholen.

Nach jedem Vorfall bzw. nach jeder Übung sollte eine sogenannte Lessons Learned-Einheit abgehalten werden. Darin sollten folgende Fragen behandelt und beantwortet werden:

- Was war die Ausgangssituation? Was ist passiert?
- Was war das Ziel?
- Was hat gewirkt/funktioniert?
- Was hätte besser gemacht werden können?
- Was ändern wir?
- Wer macht was bis wann?

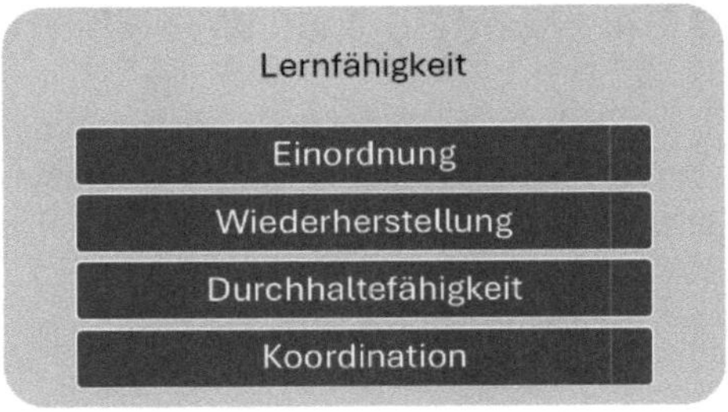

Abb. 3.2 Kernfähigkeiten eines resilienten Unternehmens

Die Fragen fördern eine kritische Reflexion und machen konkrete Verbesserungsoptionen sichtbar. Die Ergebnisse werden einer verantwortlichen Person zugewiesen und mit einer klaren Frist versehen. So werden Maßnahmen verbindlich und lassen sich wirksam steuern. Idealerweise sichern kurze Folgetermine die Nachverfolgung und dokumentieren den Umsetzungsstand.

Wichtig: Die Resilienz wird durch die **Lernfähigkeit** abgerundet. Sie stellt dar, wie man Erfahrungen bewusst handhabt. Durch Auswertungen, Lessons Learned sowie Anpassungen an Prozessen und Kontrollen wird sichergestellt, dass die Unternehmen aus Vorfällen gestärkt hervorgehen.

3.3 Resilienz im Zusammenspiel von Mensch, Technik und Struktur

Wirkung entsteht erst im Zusammenspiel. Technik allein reicht nicht. Prozesspapiere oder Einzeltrainings ebenso wenig. Resilienz entsteht, wenn Menschen, Technik und Struktur aufeinander abgestimmt sind, sich gegenseitig stützen und sich im Ereignisfall reibungslos ergänzen.

Technik
Robuste Architekturen, saubere Segmentierung und nachvollziehbare Konfigurationen bilden die Basis. Erforderlich sind gesicherte Backups mit regelmäßigem Restore-Test, unabhängige Netzbereiche, gehärtete Schnittstellen, klare Business Continuity-Pläne für Wiederherstellung sowie alternative Kommunikationswege. Technische Kontrollen müssen mit klaren Eigentümer:innen, Prüfintervallen und Evidenzen geführt werden.

Struktur
Organisationen brauchen eindeutige Zuständigkeiten, geübte Eskalationsketten, feste Entscheidungsrechte und kurze Freigabepfade. Ein gelebtes RACI für Kernprozesse, ein Steering für Risiken und Maßnahmen, ein Change Board für risikorelevante Änderungen und ein einsatzfähiger Krisenstab verkürzen Wege und reduzieren Doppelarbeit. Dokumentation ist Arbeitsmittel und kein Archiv. Kontaktlisten, Notfallnummern, Standortinformationen und Lieferantenkontaktdaten sind aktuell, offline verfügbar und im Team bekannt.

Mensch
Aufmerksamkeit, Urteilsvermögen und Teamarbeit entscheiden über Tempo und Qualität. Mitarbeitende erkennen Abweichungen oft schneller als Systeme. Sie müssen wissen, was wichtig ist, wen sie informieren und welche ersten Schritte zulässig sind. Schulungen fokussieren auf reale Aufgaben, kurze Entscheidungsspiele, First Hour Card, Rollenwechsel für Vertretungen und klare Feedbackschleifen. Führung setzt Prioritäten, schafft Ruhe im Ereignis und fordert Nachweise ein.

Diese drei Ebenen bilden ein sozio-technisches System. Schwächen übertragen sich. Ein hochverfügbares System nützt wenig, wenn niemand den Alarm versteht. Ein perfektes Verfahren scheitert, wenn die technische Grundlage fehlt. Ein motiviertes Team bleibt wirkungslos, wenn Entscheidungsrechte unklar sind. Ein integriertes Sicherheits- und Risikomanagement gestaltet die Wechselwirkungen bewusst und verknüpft Fähigkeiten, Kontrollen und Abläufe zu einem handlungsfähigen Ganzen.

Nachfolgend werden einfache, praxistaugliche Beispiele in Tab. 3.1 angeführt, welche das Zusammenspiel für Resilienz sichtbar steuert und spürbar verbessert. Diese sind tool-neutral gedacht und funktionieren in verschiedenen Listen sowie auch mit Excel.

Ein integriertes Sicherheits- und Risikomanagement sorgt dafür, dass diese Wechselwirkungen bewusst gestaltet werden. Skills werden bereichsübergreifend koordiniert. Prozesse werden mit Schutzschichten verknüpft. Mit Übungen und Tests werden Verhalten, Rollen und Technik verknüpft. So entwickelt sich eine Resilienz, die nicht dem Zufall entspringt, sondern auf einem planbaren und lernfähigen Gesamtsystem gründet.

Tab. 3.1 Tipps für ein Zusammenspiel in der Resilienz

Gemeinsames Arbeitsboard JFx
Ein Board pro Kernleistung mit Spalten: Signal, Triage, Maßnahme geplant, Maßnahme in Arbeit, Test, Wirksam, Archiv
Swimlanes für IT OT, Fachbereich, Lieferkette
WIP-Limit je Spalte, damit nichts stecken bleibt
Kartensteckbrief mit Ziel, Owner, Fälligkeit, Akzeptanzkriterium, Evidenzlink, Bezug zu Risiko oder BCP
Task Monitoring im Tagesgeschäft
Ein 15-min Weekly für neue, fällige und blockierte Aufgaben
Ampelbericht mit drei Fragen je Aufgabe: Was hindert, was fehlt, was entscheidet wer
Statusnorm: Neu, In Arbeit, Blockiert, Review, Wirksam
Blockerregel: Wenn 48 h blockiert, dann Eskalation an Steering
Projektmanagement Rhythmus
Monatliches Steering für Top-Risiken, Maßnahmenstatus, Budget und Projekte
Vierteljährliche Tabletop-Übung mit Fokus auf Schnittstellen
Halbjährlicher funktionaler Test zum Beispiel Restore, Notbetrieb
Jährliche Vollübung
After Action Review (Lessons Learned) binnen 72 h, z. B. mit zwei verbindlichen Verbesserungen je (Fach-)Bereich.

3.4 Resilienz als Steuerungstool im Unternehmen implementieren

Resilienz wird für Unternehmen dann besonders wertvoll, wenn sie nicht als abstraktes Ziel, sondern als praktisches Steuerungsinstrument verstanden wird. Sie schafft eine klare Sicht darauf, welche Leistungen im Unternehmen wirklich kritisch sind, wo die größten Abhängigkeiten liegen und ab wann eine Störung zu spürbaren finanziellen, rechtlichen oder reputativen Schäden führt. Gerade für KMU ist das ausschlaggebend, weil Ressourcen knapp sind und Sicherheitsmaßnahmen häufig um Budgets konkurrieren. Eine resilienzorientierte Steuerung hilft, Prioritäten nachvollziehbar zu setzen, Investitionen zu begründen und Entscheidungen nicht erst im Ereignisfall unter Zeitdruck zu treffen.

Damit Resilienz im Alltag steuerbar wird, braucht es keinen umfangreichen komplexen Apparat. Es genügt ein schlanker Rahmen aus wenigen Verantwortlichkeiten, einem festen Rhythmus, einer überschaubaren Kennzahlensicht und einer konsequenten Nachverfolgung von Maßnahmen. Wird dieser Rahmen einmal etabliert, entsteht ein großer Mehrwert. Management und Fachbereiche erhalten ein gemeinsames Bild, wo sie sehen, was stabil lauft, wo sie verwundbar sind und welche Maßnahmen den größten Nutzen bringen. Gleichzeitig wächst die Nachweisfähigkeit gegenüber Kund:innen, Versicherern und Aufsicht, ohne dass das Unternehmen in Bürokratie erstickt.

Die folgende Schritt-für-Schritt-Checkliste ist als pragmatischer Startpunkt gedacht. sie eignet sich besonders für Sicherheitsverantwortliche in KMU, die Resilienz in wenigen Wochen sichtbar verankern wollen, ohne dafür neue Rollen oder Tools einführen zu müssen.

Checkliste zur Implementierung von Resilienz als Steuerungstool in KMU

Schritt 1: Kritische Leistungen festlegen

- Drei bis fünf Kernleistungen definieren, die für Umsatz, Kund:innenbindung oder Pflichtleistungen überlebensnotwendig sind.
- Pro Kernleistung eine verantwortliche Rolle aus dem Fachbereich definieren (nicht nur aus IT oder Security).
- Was muss im Notbetrieb mindestens noch funktionieren, damit das Unternehmen handlungsfähig bleibt?

Schritt 2: Belastungsgrenzen und Zeitziele bestimmen

- Bestimmen Sie für jede Kernleistung, wie lange sie ausfallen darf, bevor es kritisch wird.
- Leiten Sie daraus eine Zielzeit für den Wiederanlauf ab und halten Sie diese in einem Satz fest.
- Klären Sie, welche Daten oder Systeme dafür zwingend verfügbar sein müssen.

Schritt 3: Abhängigkeiten sichtbar machen

- Notieren Sie je Kernleistung die wichtigsten Abhängigkeiten. Systeme und Daten, Schlüsselpersonen, Lieferant:innen, Infrastruktur, wie Strom, Netzwerk und Gebäude.
- Markieren Sie die zwei bis drei größten Engpässe, bei denen ein Ausfall sofort durchschlägt.
- Prüfen Sie, ob diese Engpässe intern oder extern liegen und wer darauf Einfluss hat.

Schritt 4: Minimal Set an Kennzahlen definieren

- Wählen Sie wenige Kennzahlen, die wirklich steuerungsrelevant sind.
- Typische KMU-Kennzahlen sind Zeit bis zur Erkennung, Zeit bis zur Einstufung, erreichter Wiederanlauf in Tests, Anteil aktueller Kontaktlisten, Status kritischer Maßnahmen.
- Legen Sie fest, wie oft diese Kennzahlen erhoben werden und wer sie liefert.

Schritt 5: Steuerungsrhythmus etablieren

- Führen Sie einen festen monatlichen Termin ein, der maximal 45 min dauert.
- Agenda besteht aus drei Punkten: Top Risiken und Engpässe, Status der Maßnahmen, nächste Tests oder Übungen.
- Pro Entscheidung wird festgehalten, wer was bis wann liefert und welcher Nachweis erwartet wird.

Schritt 6: Aufgaben verbindlich nachverfolgen

- Nutzen Sie eine zentrale Maßnahmenliste, auch eine Excel Liste reicht aus.
- Jede Maßnahme braucht Ziel, Owner, Frist, Status und ein klares Akzeptanzkriterium, das die Wirksamkeit zeigt.
- Blocker werden sichtbar gemacht und nach einer kurzen Frist eskaliert.

Schritt 7: Erste Tests durchführen und Evidenz sichern

- Starten Sie mit einem funktionalen Test, der schnell Nutzen zeigt, etwa ein Restore-Test, ein Notfallkommunikationscheck oder ein Lieferant:innen Ausweichverfahren.
- Halten Sie Ergebnis, Abweichungen und nächste Schritte schriftlich fest.
- Hinterlegen Sie das Protokoll an einem Ort, den das Team kennt und im Ereignisfall schnell findet.

Schritt 8: Lernen und Verbesserungen verankern

- Führen Sie nach Übung oder Vorfall einen kurzen Review durch, idealerweise innerhalb von 72 h.
- Entscheiden Sie zwei konkrete Verbesserungen, nicht mehr, damit Umsetzung realistisch bleibt.
- Überführen Sie die Verbesserungen in Aufgaben und aktualisieren Sie Dokumente wie z. B. Kontaktlisten oder Business Continuity- und Notfallpläne.

Was Sicherheitsverantwortliche zu Beginn besonders beachten sollten

- Beginnen Sie bewusst klein und sichtbar. Drei Kernleistungen und ein Test liefern mehr Wirkung als ein großes Konzept ohne Umsetzung.
- Holen Sie den Fachbereich als Owner ins Boot, weil Resilienz den Betrieb betrifft, nicht nur IT.
- Vermeiden Sie parallele Listen und Schattenprozesse. Eine gepflegte Quelle ist besser als mehrere halbe.
- Definieren Sie Akzeptanzkriterien von Beginn an, sonst bleiben Maßnahmen formal erledigt, aber praktisch unwirksam.
- Sorgen Sie für Offline-Verfügbarkeit der wichtigsten Informationen, weil Störungen oft digitale Zugänge betreffen.
- Kommunizieren Sie den Nutzen in Geschäftssprache, etwa Stillstandszeit, Lieferfähigkeit, Vertragsstrafen, Vertrauen der Kund:innen.

Mit dieser Vorgehensweise wird Resilienz Schritt für Schritt zu einem Steuerungstool, das Entscheidungen erleichtert und Prioritäten im Unternehmen klar macht. Besonders KMU profitieren, weil sie damit begrenzte Mittel dort einsetzen, wo Ausfälle am meisten schmerzen, und weil sie schneller von reaktiver Schadensbegrenzung zu planbarer Handlungsfähigkeit kommen.

3.5 Zusammenführung der Bausteine

Resilienz ist das verbindende Element im integrierten Sicherheits- und Risikomanagement. Die vorangegangenen Abschnitte zeigen, dass Resilienz nicht aus einzelnen Maßnahmen entsteht, sondern aus einem abgestimmten Zusammenspiel von Fähigkeiten, Schutzschichten, Kontrollen, Lernprozessen und strategischer Steuerung.

Der Weg zur Resilienz beginnt bei einer klaren Bestimmung der Grundprinzipien und setzt sich fort über Fähigkeiten, Frühwarnstrukturen und Steuerungsmechanismen. Ein Reifegradmodell unterstützt die Orientierung und erleichtert die systematische Weiterentwicklung. Technische, organisatorische und menschliche Faktoren wirken gemeinsam und verstärken sich gegenseitig.

In der Gesamtsicht entsteht ein System, das in der Lage ist, Unsicherheiten zu bewältigen und trotz Störungen verlässlich zu handeln. Organisationale Resilienz wird damit zu einer Grundkompetenz, die Sicherheit, Risiko und Kontinuität verbindet und Unternehmen langfristig stabil und handlungsfähig hält.

Fazit

Resilienz bildet das strategische Dach und richtet alle Schutzdisziplinen auf ein gemeinsames Ziel aus. Im Zentrum stehen die vier Prinzipien Antizipation, Absorption, Anpassung und Erholung, ergänzt um konsequentes Lernen. Wirksam wird Resilienz erst im Zusammenspiel von Menschen, Prozessen und Technik, denn Schwächen in einem Teilbereich wirken auf die anderen. Früh warnen, rasch einordnen, koordiniert handeln, Leistungen durchzuhalten und geordnet wiederherzustellen sind die Kernfähigkeiten. Wird Resilienz in Steuerung, Planung und Budget verankert und über Kennzahlen geführt, entsteht eine belastbare Entscheidungsgrundlage und Transparenz für Management und Aufsicht. Ein Reifegradmodell gibt Richtung und macht Fortschritt messbar. So wird Resilienz zur Führungsaufgabe, erhöht die Handlungsfähigkeit im Alltag und schafft einen klaren Wettbewerbsvorteil.

4 Zusammenfassung und Abschluss

Das Sicherheits- und Risikomanagement steht heute unter erheblichem Druck und zugleich vor neuen Chancen. Firmen stehen vor zahlreichen Herausforderungen, die miteinander in Wechselwirkung treten und sich gegenseitig intensivieren. Hierzu gehören immer komplexer werdende Cyberbedrohungen, die zunehmende Professionalisierung der Cyberkriminalität, eine technologische Landschaft mit Cloud-Computing, OT, IoT und KI, die kontinuierliche Weiterentwicklung regulatorischer Anforderungen, wachsende Erwartungen an Compliance, fragile Lieferketten, geopolitische Unsicherheiten sowie neue Abhängigkeiten infolge von Digitalisierung und Automatisierung.

Auch die physische Sicherheit gewinnt zunehmend an Bedeutung, da sich die Anforderungen in den Bereichen Objektschutz, Zugangskontrolle, Brandschutz und Reisesicherheit wandeln. Zur gleichen Zeit stellen menschliche Faktoren die entscheidende Stellschraube dar. Selbst wenn hochwertige technische Maßnahmen vorhanden sind, können diese durch Fehler, Überlastung, unklare Prozesse, mangelhafte Schulung oder fehlende Verantwortlichkeiten entwertet werden. Dies tritt oft auf, wenn Abteilungen isoliert arbeiten, Prioritäten unklar sind oder Wissen nicht geteilt wird.

In dieser Situation wird deutlich, dass traditionelle, isolierte Sicherheitsdisziplinen an ihre Grenzen stoßen. Risiken sind oft so eng miteinander verknüpft, dass Einzelmaßnahmen nicht ausreichen. Störungen breiten sich innerhalb von Sekunden über Systeme, Abteilungen und Lieferketten aus.

Ein integriertes Sicherheits- und Risikomanagement stellt dafür eine belastbare Lösung dar. Es macht es möglich, die verschiedenen Themenbereiche nicht länger getrennt voneinander zu betrachten, sondern als ein zusammenhängendes System. Cybersecurity, physische Sicherheit, organisatorische Abläufe, Technologie, KI,

M. Lechner, *Integriertes Sicherheits- und Risikomanagement*, essentials, https://doi.org/10.1007/978-3-658-51633-8_4

Compliance, Recht und Menschen arbeiten strukturiert zusammen und nicht zufällig nebeneinander. So entsteht eine einheitliche Perspektive auf Bedrohungen, Schwachstellen, Abhängigkeiten und Prioritäten.

Mit dem Risk-to-Resilience-Ansatz soll ein eindeutiger Weg skizziert werden, denn er verbindet alle wesentlichen Schritte, vom Verständnis des Kontexts über die Identifizierung von Risiken und Schwachstellen, die Risikobewertung, die Auswahl und Prüfung effektiver Kontrollen, die Entwicklung von Fähigkeiten bis hin zur praktizierten Wiederherstellung. Jeder Baustein trägt zum nächsten bei und bildet letztlich ein System, das lernfähig, robust und belastbar ist.

Die Vorzüge dieses integrierten Ansatzes sind offensichtlich. Risiken werden erkannt und zudem im interdisziplinären Austausch verstanden. Entscheidungen gründen sich auf gemeinsamen Kriterien. Weil sie in Abläufe integriert sind und mehrere Schutzschichten bilden, haben Kontrollen eine höhere Wirksamkeit. Frühwarnindikatoren dienen der Orientierung. Übungsszenarien integrieren technische und organisatorische Ebenen. Prozesse werden zielgerichteter und Ressourcen effizienter genutzt. Das Unternehmen gewinnt die Fähigkeit, Störungen früh zu erkennen, besser auszuhalten und sich nach einem Vorfall schneller und geordneter zu erholen.

Dort, wo Kompetenzen und Verantwortlichkeiten zusammentreffen, entsteht Resilienz. IT, Security, Risikomanagement, BCM, Compliance, Personalwesen, Kommunikation, Produktion und viele andere Bereiche leisten jeweils einen Beitrag dazu. Nur wenn diese Sichtweisen miteinander verbunden werden, entsteht ein Schutz- und Steuerungssystem, das nicht von einzelnen Personen oder Technologien abhängig ist, sondern dauerhaft im Unternehmen wirkt.

Der Mensch steht im Mittelpunkt all dieser Überlegungen. Technik kann helfen, automatisieren und Entlastung bieten. Strukturen können dazu beitragen, Ordnung zu schaffen und Verantwortlichkeiten deutlich zu machen. Menschen können jedoch Unregelmäßigkeiten wahrnehmen, Entscheidungen fällen, Maßnahmen koordinieren und Wiederherstellungen vornehmen. Menschen formen die Kultur, bauen Vertrauen auf, erarbeiten Lösungen und verleihen dem System seine Flexibilität. Daher ist Resilienz immer auch eine Frage von Zusammenarbeit, Kompetenz und der Bereitschaft, Verantwortung zu tragen.

Genau diese menschliche Komponente wird durch ein integriertes Sicherheits- und Risikomanagement gestärkt. Es schafft Klarheit, vereint Interessengruppen und verdeutlicht Zusammenhänge. So wird das Verständnis für gemeinsame Ziele größer. Die Mitarbeitenden werden in die Lage versetzt, Risiken frühzeitig zu erkennen, Prioritäten zu definieren und effektiv zu handeln.

Schließlich wird ein eindeutiges Ergebnis deutlich. In einer von Unsicherheiten geprägten Welt gewinnt nicht das Unternehmen, welches jeden Vorfall zu verhindern versucht, sondern dasjenige, das sich auf Herausforderungen vorbereiten kann, lernfähig und anpassungsfähig ist. Wenn die Menschen, Prozesse und Technologien eines Unternehmens zu einem kohärenten System verbunden werden, das Risiken erkennt, Störungen bewältigt und aus Erfahrungen stärker hervorgeht als zuvor, wird das Unternehmen stabiler.

Die Sicherheit eines Unternehmens hängt sowohl von einer einzelnen Maßnahme als auch vom Zusammenspiel aller Beteiligten ab. Teilen Fachbereiche ihr Wissen, geben Führungskräfte klare Orientierung und nehmen Mitarbeitende Risiken aufmerksam wahr, entsteht eine gemeinsame Kraft, die Arbeitsunfälle reduziert, Betriebsunterbrechungen vermeidet, Compliance-Verstöße verhindert und Bedrohungen frühzeitig erkennt. Jede Rolle hat Auswirkungen darauf, ob Schutzmechanismen greifen und ob ein Unternehmen in herausfordernden Situationen stabil bleibt. Ihr Beitrag ist daher von besonderer Bedeutung. Indem Sie sich für dieses essential interessieren, demonstrieren Sie Ihre Bereitschaft, Verantwortung zu übernehmen und aktiv an der Gestaltung eines stärkeren, resilienteren und sichereren Unternehmens mitzuwirken. Mit diesem Schritt fangen Sie eine Reise an, auf der Sie dazu beitragen können, dass Sicherheit als Pflicht und als gemeinsames Fundament für nachhaltigen Erfolg betrachtet wird.

Fazit
Zwei Punkte sind von großer Bedeutung. Erstens müssen Sicherheits- und Risikothemen als zusammenhängendes System gesteuert werden, anstatt in Silos zu denken. In der Praxis gelingt das über gemeinsame Kriterien, klare Rollen und einen regelmäßigen Austausch, welcher Risiken, Kontrollen, Vorfälle und Maßnahmen übergreifend priorisiert und nachverfolgt. Zweitens braucht es einen klaren Weg vom Risiko zur Resilienz, der im Alltag wirklich genutzt wird. In der Praxis bedeutet das, Kernleistungen und Abhängigkeiten zu kennen, BIA und BCP sauber aufzusetzen, Vorfälle strukturiert zu bewältigen, Wiederanlauf zu testen und Lessons Learned verbindlich in Aufgaben zu überführen. So entsteht Handlungsfähigkeit, die nicht von Einzelpersonen noch vom Zufall abhängt, sondern dauerhaft im Unternehmen wirkt.

Was Sie aus diesem *essential* mitnehmen können

- Ein integriertes Sicherheits- und Risikomanagement ist ein vernetztes System aus Stakeholdern, Zielkonflikten und Abhängigkeiten, in dem Silos blinde Flecken, Doppelaufwände und widersprüchliche Prioritäten erzeugen.
- Sicherheit hat unterschiedliche Bedeutungen in Safety, Security und Certainty, während Risiko als Wirkung von Unsicherheit auf Ziele verstanden wird und je nach Domäne, Bereich oder Person unterschiedlich operationalisiert wird.
- Regulatorik und Standards wie ISO 31000, ISO 27001, ISO 22301, ISO 9001, NIS2, RKE, DORA, AI Act, ASchG, DSGVO usw. verlangen nachvollziehbare Governance, dokumentierte Prozesse, klare Verantwortlichkeiten und belastbare Nachweise.
- Der Risk-to-Resilience-Prozess beschreibt einen durchgängigen Weg vom Kontext über Gefahren und Schwachstellen zur Bewertung, Kontrolle, Übung, Wiederherstellung und Steuerung, wodurch Entscheidungen konsistenter und schneller werden.
- Resilienz entsteht durch das Zusammenspiel von Mensch, Technik und Struktur und wird durch BIA, BCP, Notfall- und Krisenmanagement sowie konsequentes Lernen nach Vorfällen dauerhaft im Unternehmen verankert.

M. Lechner, *Integriertes Sicherheits- und Risikomanagement*, essentials,
https://doi.org/10.1007/978-3-658-51633-8

Literatur

Austrian Standards International. (2015). *ÖNORM EN ISO 9001: Qualitätsmanagementsysteme – Anforderungen*. Austrian Standards International.

Austrian Standards International. (2017). *ÖNORM S 2412: Security Management System – Benennungen und Definitionen.* Austrian Standards International. Zugegriffen: 28. Febr. 2026.

Bitkom e. V. (2025). In B. e. V. (Hrsg.), *Wirtschaftsschutz 2025: Lagebild der deutschen Wirtschaft.* https://doi.org/10.1007/10.64022/2025-wirtschaftsschutz

Bundesamt für Bevölkerungsschutz und Katastrophenhilfe. (o.J.). *Krisenmanagement* (B. f. Katastrophenhilfe, Herausgeber). https://www.bbk.bund.de/DE/Themen/Krisenmanagement/krisenmanagement_node.html. Zugegriffen: 24. Febr. 2026.

Bundesamt für Sicherheit in der Informationstechnik (BSI). (2023). In B. f. (BSI) (Hrsg.), *BSI 200-4: Business Continuity Management (BCM).* https://doi.org/10.1007/978-3-8462-1518-0

Bundesamt für Sicherheit in der Informationstechnik (BSI). (30. Juni 2025). *Die Lage der IT-Sicherheit in Deutschland 2025.* Die Lage der IT-Sicherheit in Deutschland 2025. https://medien.bsi.bund.de/lagebericht/de/index.html. Zugegriffen: 22. Febr. 2026.

Bundesministerin für Arbeit, Gesundheit und Soziales. (2026). *Arbeitsstättenverordnung (AStV).* Wien. https://www.ris.bka.gv.at/GeltendeFassung.wxe?Abfrage=Bundesnormen&Gesetzesnummer=10009098. Zugegriffen: 23. Febr. 2026.

Bundesministerium für Inneres. (3. Oktober 2024). *Staatliches Krisen- und Katastrophenschutzmanagement (SKKM).* https://www.bmi.gv.at/204/skkm/. Zugegriffen: 26. Febr. 2026.

Bundesministerium für Inneres, Bundeskriminalamt. (2025). *Polizeiliche Kriminalstatistik 2024.* Wien: Bundesministerium für Inneres, Bundeskriminalamt. https://www.bundeskriminalamt.at/501/files/PKS-24-web3_bf_20250919.pdf. Zugegriffen: 21. Febr. 2026.

Deutsche IPCC-Koordinierungsstelle. (2024). *Synthesebericht zum Sechsten IPCC-Sachstandsbericht (AR6).* Köln: Deutsche IPCC-Koordinierungsstelle. https://www.de-ipcc.de/media/content/Hauptaussagen_AR6-SYR.pdf. Zugegriffen: 22. Febr. 2026.

M. Lechner, *Integriertes Sicherheits- und Risikomanagement*, essentials, https://doi.org/10.1007/978-3-658-51633-8

Deutsches Institut für Interne Revision e. V. (2020). *Das Drei-Linien-Modell des IIA (Deutsche Fassung)* (D. I. e.V., Hrsg.) Das Drei-Linien-Modell des IIA (Deutsche Fassung): https://www.diir.de/content/uploads/2023/08/Three-Lines-Model-Updated-German.pdf. Zugegriffen: 24. Febr. 2026.

Diederichs, M. (2017). *Risikomanagement und Risikocontrolling*. Vahlen.

DIN Deutsches Institut für Normung. (2018). *DIN ISO 31000: Risikomanagement – Leitlinien.* DIN Deutsches Institut für Normung. Zugegriffen: 28. Febr. 2026

DIN Deutsches Institut für Normung. (2020). *DIN EN ISO 22301: Sicherheit und Resilienz – Business Continuity Management System – Anforderungen.* DIN Deutsches Institut für Normung.

DIN Media GmbH. (2017). *ISO 22316: Sicherheit und Resilienz – Resilienz von Organisationen – Grundsätze und Attribute*. DIN Media GmbH.

Europäische Kommission. (2024). *Durchführungsverordnung zu NIS2 (EU) 2024/2690.* Europäische Kommission. https://eur-lex.europa.eu/legal-content/DE/TXT/PDF/?uri=OJ:L_202402690. Zugegriffen: 23. Febr. 2026.

Europäische Union. (16. Dezember 2022). In E. Union (Hrsg.), *Richtlinie (EU) 2022/2464: Richtlinie über die Nachhaltigkeitsberichterstattung von Unternehmen (CSRD, Corporate Sustainability Reporting Directive); Omnibus-Richtlinie.* Richtlinie (EU) 2022/2464: Richtlinie über die Nachhaltigkeitsberichterstattung von Unternehmen (CSRD, Corporate Sustainability Reporting Directive); Omnibus-Richtlinie: https://eur-lex.europa.eu/legal-content/DE/TXT/PDF/?uri=CELEX:32022L2464. Zugegriffen: 26. Febr. 2026.

Europäisches Parlament; Rat der Europäischen Union. (2003). *Richtlinie 2003/87/EG: System für den Handel mit Treibhausgasemissionszertifikaten in der Gemeinschaft.* Europäisches Parlament; Rat der Europäischen Union. https://eur-lex.europa.eu/eli/dir/2003/87/oj?locale=de. Zugegriffen: 26. Febr. 2026.

Europäisches Parlament; Rat der Europäischen Union. (2006). *Verordnung (EG) Nr. 1907/2006: Registrierung, Bewertung, Zulassung und Beschränkung chemischer Stoffe (REACH).* Europäisches Parlament; Rat der Europäischen Union. https://eur-lex.europa.eu/legal-content/DE/ALL/?uri=celex%3A32006R1907. Zugegriffen: 26. Febr. 2026.

Europäisches Parlament; Rat der Europäischen Union. (2016). *Datenschutz-Grundverordnung (DSGVO).* Europäisches Parlament; Rat der Europäischen Union. https://eur-lex.europa.eu/legal-content/DE/ALL/?uri=celex%3A32016R0679. Zugegriffen: 23. Febr. 2026.

Europäisches Parlament; Rat der Europäischen Union. (2022a). *Digitale operationale Resilienz im Finanzsektor (DORA).* Europäisches Parlament; Rat der Europäischen Union. https://eur-lex.europa.eu/DE/legal-content/summary/digital-operational-resilience-for-the-financial-sector.html. Zugegriffen: 28. Febr. 2026.

Europäisches Parlament; Rat der Europäischen Union. (27. Dezember 2022b). In E. Parlament & R. d. Union (Hrsg.), *Maßnahmen für ein hohes gemeinsames Cybersicherheitsniveau in der Union.* Maßnahmen für ein hohes gemeinsames Cybersicherheitsniveau in der Union: https://eur-lex.europa.eu/legal-content/DE/TXT/PDF/?uri=CELEX:32022L2555. Zugegriffen: 28. Febr. 2026.

Europäisches Parlament; Rat der Europäischen Union. (2023a). *Resilienz kritischer Einrichtungen (RKE).* Europäisches Parlament; Rat der Europäischen Union. https://eur-lex.europa.eu/legal-content/DE/ALL/?uri=CELEX:32022L2557. Zugegriffen: 28. Febr. 2026.

Europäisches Parlament; Rat der Europäischen Union. (2023b). *Data Act: harmonisierte Vorschriften für einen fairen Datenzugang und eine faire Datennutzung*. Europäisches Parlament; Rat der Europäischen Union. Von https://eur-lex.europa.eu/eli/reg/2023/2854/oj?locale=de abgerufen

Europäisches Parlament; Rat der Europäischen Union. (2023c). *Verordnung (EU) 2023/956: Schaffung eines CO_2-Grenzausgleichssystems*. Europäisches Parlament; Rat der Europäischen Union. https://eur-lex.europa.eu/eli/reg/2023/956/oj?locale=de. Zugegriffen: 26. Febr. 2026.

Europäisches Parlament; Rat der Europäischen Union. (2024a). *AI Act (EU)*. Europäisches Parlament; Rat der Europäischen Union. https://eur-lex.europa.eu/legal-content/EN/TXT/?uri=CELEX%3A32024R1689. Zugegriffen: 28. Febr. 2026.

Europäisches Parlament; Rat der Europäischen Union. (5. Juli 2024b). *Richtlinie (EU) 2024/1760: Sorgfaltspflichten von Unternehmen im Hinblick auf Nachhaltigkeit*. Europäisches Parlament und des Rates: https://eur-lex.europa.eu/legal-content/DE/TXT/PDF/?uri=OJ:L_202401760. Zugegriffen: 26. Febr. 2026.

Europäisches Parlament; Rat der Europäischen Union. (2026). *ArbeitnehmerInnenschutzgesetz*. Wien: Europäisches Parlament; Rat der Europäischen Union. https://www.ris.bka.gv.at/GeltendeFassung.wxe?Abfrage=Bundesnormen&Gesetzesnummer=10008910. Zugegriffen: 23. Febr. 2026.

Freeman, R. E. (2010). *Strategisches Management: Ein Stakeholder-Ansatz*. Schäffer-Poeschel.

Frevel, B. (2016). *Sicherheit: Ein (un)stillbares Grundbedürfnis* (Bd. 2. Aufl). Wiesbaden: Springer VS. https://doi.org/10.1007/978-3-658-12458-8

Gleißner, W. (2017a). *Grundlagen des Risikomanagements: Mit fundierten Informationen zu besseren Entscheidungen* (Bd. 3. Aufl). München: Vahlen. https://doi.org/10.1007/978-3-8006-4953-2

Gleißner, W. (2017b). *Grundlagen des Risikomanagements: Mit fundierten Informationen zu besseren Entscheidungen* (Bd. 3. Aufl). München: Vahlen GmbH. https://doi.org/10.1007/978-3-8006-4953-2

Hess, T. (2019). *Digitale Transformation strategisch steuern: Vom Zufallstreffer zum systematischen Vorgehen*. Springer. https://doi.org/10.1007/978-3-658-24475-0

Internationale Organisation für Normung. (2015). *Umweltmanagementsystemnorm (ISO 14001)*. Internationale Organisation für Normung.

Internationale Organisation für Normung. (2022). *ISO/IEC 27001 – Anforderungen an Informationssicherheits-Managementsysteme (ISMS). ISO.*

Lechner, M. (15. Mai 2022). *Social Engineering: Konzepte zur Abwehr von Soical-Engineering-Angriffsmethoden*. Wien: Wien, Österreich.

Perrow, C. (1992). *Normale Katastrophen: Die unvermeidbaren Risiken der Großtechnik*. Reihe Campus. https://doi.org/10.1007/9783593341255

Renn, O. (2014). In K. Wiegandt (Hrsg.), *Das Risikoparadox: Warum wir uns vor dem Falschen fürchten* (Bd. 3. Aufl). Frankfurt am Main: FISCHER Taschenbuch. https://doi.org/10.1007/978-3596198115

Romeike, F., & Hager, P. (2020). *Erfolgsfaktor Risiko-Management 4.0: Methoden, Beispiele, Checklisten Praxishandbuch für Industrie und Handel* (4. Aufl Ausg.). Wiesbaden: Springler Gabler. https://doi.org/10.1007/978-3-658-29446-5

Schnaak, G. (13.. Dezember 2023). *Rekord-Fachkräftemangel: In Deutschland sind 149.000 IT-Jobs unbesetzt* (B. S. mbH, Herausgeber). Rekord-Fachkräftemangel: In Deutschland sind 149.000 IT-Jobs unbesetzt: https://bitkom-research.de/news/rekord-fachkraeftemangel-deutschland-sind-149000-it-jobs-unbesetzt. Zugegriffen: 24. Febr. 2026.

Schreyögg, G., & Koch, J. (2020). *Grundlagen des Managements: Basiswissen für Studium und Praxis*. Springer Gabler.

Siegmann, S., & Tenckhoff, B. (2019). *Vernetztes Betriebssicherheitsmanagement* (Bd. 2. Aufl). Berlin: Springer Vieweg. https://doi.org/10.1007/978-3-662-48441-8

Sostmann, T. (2. Juli 2025). *Halbleiter: Die Strategie der EU muss auf Mittel zur Deckung des regionalen industriellen Bedarfs ausgerichtet sein.* (C. o. Union, Herausgeber) Halbleiter: Die Strategie der EU muss auf Mittel zur Deckung des regionalen industriellen Bedarfs ausgerichtet sein: https://cor.europa.eu/de/aktuelles/halbleiter-die-strategie-der-eu-muss-auf-mittel-zur-deckung-des-regionalen-industriellen-bedarfs. Zugegriffen: 22. Febr. 2026.

UK Public General Acts. (1974). *Health and Safety at Work etc Act 1974.* UK Public General Acts. https://www.legislation.gov.uk/ukpga/1974/37/contents. Zugegriffen: 24. Febr. 2026.

Umweltbundesamt GmbH. (2025). *14. Umweltkontrollbericht: Umweltsituation in Österreich*. Umweltbundesamt GmbH. https://doi.org/10.1007/978-3-99004-847-4

Weick, K. E., & Sutcliffe, K. (2016). *Das Unerwartete managen: Wie Unternehmen aus Extremsituationen lernen* (Bd. 3. vollständig überarbeitete Aufl). Stuttgart: Schäffer-Poeschel. https://doi.org/10.1007/978-3791036731

Zum weiterlesen

Beck, S. (2015). *Aktualisierung der ISO/IEC 27001 (ISMS): Entstehung, Änderungsbedarf und Handlungsempfehlungen für Unternehmen*. Diplomica Verlag GmbH. https://doi.org/10.1007/978-3-959-34-671-9

Boerse, J. H. (2014). *Unternehmen durch die Krise führen: Business Continuity Management im Härtetest einer Pandemie*. Diplomica Verlag GmbH. https://doi.org/10.1007/978-3-8428-7873-0

Brühwiler, B., & Romeike, F. (2010). *Praxisleitfaden Risikomanagement: ISO 31000 und ONR 49000 sicher anwenden*. Erich Schmidt Verlag. https://doi.org/10.1007/978-3-503-12476-3

Fekete, A. (2024). *Risiko, Katastrophen und Resilienz: Eine Einführung in Methoden, Konzepte und Themen*. Springer Spektrum. https://doi.org/10.1007/978-3-662-68381-1

Gundel, S. (2024). *Unternehmenssicherheit: Handbuch für Wirtschaft und Behörden*. Richard Boorberg Verlag. https://doi.org/10.1007/978-3-415-07635-8

Harich, T. W. (2021). *IT-Sicherheitsmanagement: Das umfassende Praxis-Handbuch für IT-Security und technischen Datenschutz nach ISO 27001* (3. Aufl.). mitp Verlag. https://doi.org/10.1007/978-3-7475-0146-7

Hoffmann, W. (2017). *Risikomanagement: Kurzanleitung Heft 4* (3. Aufl.). Springer Vieweg. https://doi.org/10.1007/978-3-662-55632-0

Hunziker, S., & Meissner, J. O. (2017). *Risikomanagement in 10 Schritten*. Springer Gabler. https://doi.org/10.1007/978-3-658-15840-8

Müller, K. R. (2015). *Handbuch Unternehmenssicherheit: Umfassendes Sicherheits-, Kontinuitäts- und Risikomanagement mit System* (4. Aufl.). Springer Wiesbaden. https://doi.org/10.1007/978-3-658-40572-4

Müller, K. R. (2018). *IT-Sicherheit mit System: Integratives IT-Sicherheits-, Kontinuitäts- und Risikomanagement – Sichere Anwendungen – Standards und Practices* (6. Aufl.). Springer Vieweg. https://doi.org/10.1007/978-3-6582-2065-5

Rühl, U. (2021). *Quick Guide Erfolgreiches Business-Continuity-Management: Wie Sie Geschäftsunterbrechungen überleben und gestärkt in die Zukunft gehen*. Springer Gabler. https://doi.org/10.1007/978-3-662-63791-3

Wegener, C., Milde, T., & Dolle, W. (2016). *Informationssicherheits-Management: Leitfaden für Praktiker und Begleitbuch zur CISM-Zertifizierung*. Springer Vieweg. https://doi.org/10.1007/978-3-662-49167-6

FSC
www.fsc.org
MIX
Papier | Fördert
gute Waldnutzung
FSC® C083411

Zeitfracht Medien GmbH
Ferdinand-Jühlke-Straße 7
99095 Erfurt, Deutschland
produktsicherheit@kolibri360.de